绚丽多彩的校园

周海霞 编著

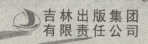

吉林出版集团
有限责任公司

图书在版编目（CIP）数据

绚丽多彩的校园 / 周海霞编著.
— 长春：吉林出版集团有限责任公司，2013.9

ISBN 978-7-5534-2941-0

Ⅰ.①绚… Ⅱ.①周… Ⅲ.①学生生活 – 儿童读物
Ⅳ.①G455–49

中国版本图书馆CIP数据核字（2013）第208242号

绚丽多彩的校园

编　　著：	周海霞	
责任编辑：	耿　宏　闫　言	
出　　版：	吉林出版集团有限责任公司	
发　　行：	吉林出版集团社科图书有限公司	
电　　话：	0431-86012753	
印　　刷：	永清县晔盛亚胶印有限公司	
开　　本：	690mm×940mm　1/16	
字　　数：	201千字	
印　　张：	14	
版　　次：	2014年4月第1版	
印　　次：	2014年4月第1次印刷	
书　　号：	ISBN 978-7-5534-2941-0	
定　　价：	29.80元	

如发现印装质量问题，影响阅读，请与印刷厂联系调换。0316-6658662

前　言

　　校园，总会给人朝气与活力；校园，总会有那五彩缤纷的颜色，将校园生活粉刷得焕然一新，多姿多彩！

　　春天是百花吐艳的季节。校园中的花，朵朵绽放，显出不同儿俗的气质。月季开得是那样的娇艳惹人，像一张张笑脸，朝人们点头致意。夏天是骄阳似火的季节，校园罩却是树木葱茏，遮荫蔽日。枣花开了，芳香四溢，彩蝶纷飞，还有那辛劳的小蜜蜂在那里忙着采蜜传播花粉。秋天是绚丽多彩的季节，金秋十月，那弥漫着芬芳的桂花，黄如金，白如银，红如丹，一串串，一簇簇，缀满枝头，一阵秋风吹过，香气沁入人们的心脾。冬天是百花凋零的季节，但校园中的梅花傲霜挺立，怒绽枝头。

　　校园生活似一幅画，画出学生们嬉戏的样子；校园生活似一首歌，歌声里有孩子们演奏美丽的校园，是孩子们最喜欢的地方。它是一个个音符，串联起童年的梦想；它是一只有魔法的大雁，带我们领略大自然的美妙；它是快乐的源泉，同样也使孩子们学到许多知识。

　　校园的一缕阳光，让你的心灵即使在寒冷的冬天也能温暖如春，

1

拥有思想的瞬间，是幸福的；拥有感受的快意，是幸福的；拥有美丽的校园也是幸福的。蓝天和白云的心一样，希望白鸽自由翱翔。老师和父母的心一样，希望孩子们健康成长。

和谐是我国传统文化中具有代表性的观念，是事物存在的最佳状态，也是一切美好事物的共同特点。实现和谐，是古往今来人类孜孜以求的美好理想和愿望。而调动一切积极因素构建和谐文明的校园环境也将是一个永恒的主题。

每一门学科都为孩子们带来了滋味不同的色彩，带来了欢乐，带来了享受，带来了幸福，带来了许多理想和希望。七种颜色的组合，构成了校园中一道亮丽的风景线，赤、橙、黄、绿、青、蓝、紫，校园生活就是"万花筒"。在校园生活的熏陶下，使学生坚定了信念，放飞了梦想，学生像株幼苗，一定能在自己自强不息的努力下，在老师们的心血和汗水的浇灌下，长成一棵能够托起明天的太阳，撑起中国人脊梁的挺拔的参天劲松！

《绚丽多彩的校园》带你回味美丽的校园，会带给你久违的感动！

目　录

校园生活，一生中最美好的记忆 ·············· 1

我的校园生活 ························· 3

喊您一声"母校" ······················ 5

我的小学时代 ························· 8

你震撼我的心灵 ······················ 11

新转来的插班生 ······················ 15

我读懂了"0"的含义 ··················· 18

我学作文的小故事 ····················· 20

一堂音乐课 ·························· 22

怀念老师 ··························· 25

考验老师 ··························· 28

千千阕歌 ··························· 32

教　鞭 ···························· 36

高三的秋 ··························· 39

画杨桃 ···························· 41

举起你的右手 ……………………………………………… 45

我的中学时代 ……………………………………………… 50

惟苦学论可以休矣 ………………………………………… 54

生命里的第一朵玫瑰 ……………………………………… 57

我那可爱的小女生 ………………………………………… 60

校园爱情故事 ……………………………………………… 63

那年正是高三时 …………………………………………… 65

一双运动鞋 ………………………………………………… 68

大学最后的课程 …………………………………………… 72

我上高二那一年 …………………………………………… 75

别了，校园爱情 …………………………………………… 78

校园里的爱情鬼脸 ………………………………………… 82

风景这边独好 ……………………………………………… 86

走过大学的第一年 ………………………………………… 89

白杨树的眼睛 ……………………………………………… 92

回望校园 …………………………………………………… 95

大胆的妞儿 ………………………………………………… 98

家乡的"漫天蓝" ………………………………………… 100

选　书 ……………………………………………………… 103

美 …………………………………………………………… 105

乐，就在我们的生活中 …………………………………… 107

雨夜放歌 ……………………………… 109

同　学 ……………………………… 111

别矣，母校 ……………………………… 114

"另类"老师 ……………………………… 116

最后一个学期 ……………………………… 120

校园中的"绿" ……………………………… 123

开花的课桌 ……………………………… 125

放学以后 ……………………………… 128

举步回首 ……………………………… 130

同桌的你 ……………………………… 134

班草其人 ……………………………… 136

蝶　祭 ……………………………… 138

物理弱智 ……………………………… 141

心　愿 ……………………………… 143

经历灾害 ……………………………… 145

偏　差 ……………………………… 147

一片蔚蓝晴空 ……………………………… 152

姓方的女孩 ……………………………… 155

理科班的女生 ……………………………… 158

住校女生 ……………………………… 160

雪地里的守望者 ……………………………… 163

告别娘娘腔 ·························· 167

在她的热望里远行 ···················· 170

淡淡的雨季 ·························· 173

零　分 ····························· 175

掌声响起来 ·························· 178

高三职业病 ·························· 181

梦中的纸鹤 ·························· 183

小树林的神 ·························· 185

对　手 ····························· 189

高老先生 ···························· 192

"老　乐" ·························· 195

信　任 ····························· 199

校园生活，一生中最美好的记忆

佚　石

　　当微风轻柔地托起一丝丝柳絮的时候；当太阳把它金色的光辉悄然披在一棵棵俊俏的樱花树上的时候；当美丽的花瓣在空中悠悠地打几个卷儿，再轻轻落地的时候，我们正幸福地享受着烂漫的校园生活。

　　清晨，快乐的鸟儿唱着歌，伴随着我们一路走过洒满花香的小路，目送着我们走进校园，眼里全是笑意。阳光铺在写有校名的铜牌上，又把柔和的晨光反射到我们身上，我们笑吟吟地接受了这份光芒，朝气蓬勃地迈进校园。在去教室的路上，我们每天都能看见漂亮的喷泉与水池，挺拔的槐树与婀娜的垂柳；我们时常碰见自己的同学或是外班的好伙伴，友好地招一招手，亲热地拍一拍背，亲切地问候两句，也许再聊一聊最近做了些什么。

　　走进洒满晨光的教室，安置好书包与作业，长长地吁一口气，开始一天的学习生活。

　　课堂上，我们尽情地展开我们的才能，大胆地说出自己独到的见

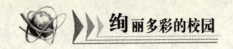

解，认真地记好我们要领悟的知识与要点。为了让鸟儿也为我们喝彩，为了让大树也赞许地点头，为了让花儿也为之倾心。让那片片在空中飞舞的花瓣上满载着赞赏与希望的寄语，我们努力着！

我们喜欢课间，喜欢那可以让我们自由发挥的 10 分钟。我们一起谈心来增进彼此之间的友谊，增添那宝贵的心灵财富；我们一起讨论问题来提高彼此的成绩，让自己更加的充实与睿智。有的依傍在栏杆上，凭栏远眺；有的聚集在长廊上，谈笑风生；有的坐在操场上沐浴着阳光，享受这最美好的金色年华。

我们融入在集体之中，每个班级都是一个家，我们在一起朝夕相处，无不希望自己的"家"能够出类拔萃。因此，我们在运动会上看见了每个运动员那如离弦之箭一般的冲劲，整装待发的气势，战无不胜的决心。我们还看见了一个个拉拉队加油助威的庞大的阵势——有挥舞着双臂的，有跳起来大声喊的，个个神气活现。

我们在学习中成长着。

我们在成长中学习着。

我的校园生活

佚　名

每一个人心中都有一种美好的事物，它点缀着我们的人生之路。在大家心中，它可能是一束束的鲜花，一缕缕的阳光，也可能是一句句暖暖的祝福。但是在我心中它却是我的校园生活，它在我苍白的人生路上渲染出了一路的青天。

童年的桃花总是灿烂的，童年的日子是不知忧愁的，校园生活是纯真的。一颗颗跳动的心，一张张洋溢着青春气息的笑脸，真挚的我们编识着那曲动人的歌。

每当老师飒爽的英姿出现在三尺讲台上的时候，我们的心随着老师一起在知识的海洋里遨游，在另一个世界里感受新鲜的阳光、去领略异国的风情，一起去长篇大论怎样去体验。课间是愉快的，到处传来一片灿烂的笑声，师生之间的友爱与尊敬化成一串串音符在空气中飘动。大家的心都在欢跳着。天涯地角有终时，只有师恩无尽处。每当我遇到挫折，因考试失败而苦闷时，老师像一盏明亮的灯具挂在我

绚丽多彩的校园

无助的灵魂前教导我督促我做生活的强者，因为胜利的喜悦只属于生活的强者。

友谊是生命的灵魂，心灵的灯塔，我的校园生活是甜蜜的。因为我的生活中有一张张熟悉的面孔；一个个甜甜的微笑；一句句暖暖的祝福与问候。在我们成功的日子里，我们欢呼着，一起分享每一份成功的果实；一起用快乐的音符奏响心灵的乐章。我们同风同雨同悲同乐。每当听到小鸟的欢歌。树叶的沙沙声时，我的心越来越充实。踏着脚下的小草漫步，我的烦恼随着漫步消失在花丛里，一切都是那样自然，一切都是那样舒服。

我的校园生活似一条潺潺流淌的小溪，它欢快地奔流着，时时泛起一朵朵晶莹的浪花。仰首是春，俯首是秋，月圆是画，月缺是诗。我的校园生活在无声的岁月中为我点缀了一幅幅人生的画面，使我的人生路上充满欣喜与充实。

岁月有痕，让岁月留下我对校园生活的爱痕。也愿每个人心中的鲜花更鲜；愿每个人中的阳光更灿烂；愿每个人的微笑更甜蜜；愿每个人心中的祝福更暖人心。让我们带着心中的一切在这片碧海蓝天下去拼搏，去奋进，去打造我们人生中的最亮点，去开创我们美好的明天。

喊您一声"母校"

佚 名

寒来暑往，年复一年，母校见证了一届又届莘莘学子的足迹。光阴流逝，母校已然走过了 50 个春夏秋冬，在母校生活学习的点点滴滴已成为我们心中一段段抹不去的记忆，深深的烙在我们的心中。我们在她滋润中成长，我们在她的哺育下成熟，我们在她的带领下走向成功。而今我们心中有的是无限留恋和感激。

喊你一声"母校"，我们聆听着。学校内到处花草树木，绿荫环绕，不论是春夏秋冬，都有勤奋的学子在绿荫下、石凳边、草丛中，消遣、娱乐、学习。听他们的脚步声，急促而紧张，那是在奔向教室；听他们琅琅的书声，声声入耳；听他们的笑声，爽朗而青春。

学校的后花园中，在中央的地方有一块巨大的石头，上书"天道酬勤"四个醒目的大字，它时时刻刻提醒着来来往往的学子们，不要放弃，勤奋必会有收获，它与教室内、走廊上的名人名言交相辉映。在综合楼的下面有几棵苍天大树，这些树几乎与楼顶平齐，其中一棵，

也是正中的一棵，树干须有三四个人才能合抱，这几棵树想必也该有几十年的历史了吧。树的存在，见证了学校发展的历史；树的存在，见证了学子的成长与成功；树的存在，也告诉我们"十年树木，百年树人"的道理。学校内的苗圃中更是有许多珍贵植物，据说里面曾培养过无数成功的研究生物的学子，也让我们增长了不少的见识。学校的生物标本室更让我一见难忘，其中有许多珍贵的标本，栩栩如生。同时，学校的实验室配置完善，也可以说是在我们这个地区数一数二。虽然母校比起其它的学校来略显狭小，但这也更增添了它的几分秀气和精致。

喊你一声"母校"，我们感受着。我们无时无刻不在体验着老师无微不至的关怀和爱岗敬业的精神。老师们热爱自己的学生，师生间关系融洽。或许学生的幼稚，或许学生的冲动，有些事情得不到完美的结局，但老师总是会耐心细致地教导我们，让我们珍惜时光，不要放弃。毕竟人无完人，世界上也没在永远的老师与学生，只有相互之间的学习与进步，所以老师也在不断完善，有时对于某些问题或是为了跟上时代潮流，老师也会向学生请教。师生之间，相互学习，取长补短，在这里我们处处感受着老师的谦虚，感受着老师的敬业，感受着老师的教诲，师生的友谊与和谐溢满了整个校园。

喊你一声"母校"，我们诉说着。每个人都有着不同的看法、想法。但大家对学习都是勤奋努力。我们每天诉说着，向母校诉说，向老师诉说我们的成长，诉说我们的成功，诉说我们的进步，诉说我们的奋斗，诉说我们的志向。我们必须认真学习每一天，过好每一天，珍惜每一天。因为我们深知，成绩与成功、付出与获得是对母校和老师最大的回报，因而我们不能有一丝的懈怠。我们会踏踏实实走好每一步，直至成功的彼岸，我们会时刻坚守信念，因为我们也知道成功就在不远处。

喊你一声"母校"，我想说的，说也说不完，道也道不尽，因为我对你有着太多的回忆与感激，你给我们的、教我们的太多太多……

绚丽多彩的校园

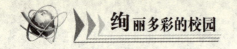

我的小学时代

谭炳法

我的小学是在石门的两所村小内完成的。1961 年，6 周岁的我背上书包跨入了小学的校门，所谓的学校只是借用了农民的一间厢房，放上几张桌子和几条板凳，一块木板涂上黑板漆而已，三复式的班级容纳了四十多位学生，教室的后边 15 平方米左右的房间既是老师的办公室也是老师的卧室，办学条件非常简陋。我在这样的学校里读到了小学四年级，五六年级是在另一所小学读完的，这是一个完小，每个年级有一个独立的教室，但校舍桌椅也比较破旧。

老师们工作条件十分艰苦，但事业心很强，一年四季吃住都在学校，既要教语文算术，又要教音乐美术体育，一人教三个年级（三复式）的所有课程，晚上备课批改，星期天还要到学生家里家访。那时的老师和学生几乎整天都在一起，冬天的早上，与我们一起跳绳热身，玩老鹰捉小鸡的游戏，夏天与我们一起提知了找乐趣，并且有几次还带我们到河里去游泳，师生感情非常好，我们大家也很听老师的话。每天放学以前。老师还总要讲故事给我们听，我们好多同学对听故事算是上了瘾，因此，也使原来不想读书的学生不得不每天到学校来。老师的故事使我们明白了很多做人的道理，同时，也使我们逐步喜欢上了看书和学习。我就是因为喜欢老师讲的故事，又不满足于每天这几分钟的故事，从向老师借故事书开始，逐步喜欢上看书的。到小学毕业时，我已经喜欢阅读长篇小说，逐步养成了读书的习惯。

我们的小学没有电子琴和运动场地，音乐美术和体育老师也不是专职的，但老师的教学却是十分认真，特别是为了同学们能参加"六一"儿童节的文艺演出和中心校的运动会有个好成绩，都要进行很长时间的准备，并且每次活动，学生的参与面都很广，几乎每个学生都要参与。我虽然在文艺和体育方面比较弱，但对参加演出和运动会比赛往往要激动相当一段时间。为了响应政府扫除文盲的要求，每个自然村里都办了夜校，老师鼓励我们积极参加夜校的扫盲教学工作，我们几个同学很感兴趣，白天做学生，晚上像模像样地做起了小先生。我可能也是从那时开始有了做老师的感觉。"文化大革命"串联刚开始，老师也积极鼓励我们走出去见世面，我们班上的 5 位小学生，背起行囊，独自开始了徒步拉练。

后来，我上了中学和大学，参加工作后又接受了很好的教育和培养，但是，我深切地感受到，很多的做人的道理是在小学学到的，良好的行为习惯是在小学养成的，看书和学习的能力是在小学

开始逐步形成的，吃苦耐劳和勇于进取的精神是小学老师教给我的。我十分留恋我的小学时代，由衷地感谢我的小学老师对我的培养和教育。

你震撼我的心灵

佚　名

　　我一直希望你知道，你曾经是我教过的，最令我头疼的一名学生。一年前，你刚刚转到我的班里两个月，就一直不专心听课，不完成作业，整天拖着两道鼻涕，穿着永远弥漫着炸油条味道的衣服，给我惹下许多的麻烦。

　　比如：随便摘学校花圃的花了，在外面小摊上不给钱拿人家的糖块了，又和高年级的同学打架了，由于你的长指甲扣掉我们班的流动红旗了等。而最令老师头疼的是，无论我是在班上公开批评你，还是把你叫到我办公室单独训话，你总是一副很平静、漠然的样子，不会说出一句像样的话。我的声色俱厉也好，苦口婆心也罢，只能是自己浪费精力而已，你一样会在外面给我惹麻烦，一样会让我难以教育。

　　就在我打算放弃你的时候，一件小事发生了。那是去年冬天的一个早晨，当我又被告知因为你的卫生差，我们又不能得到流动红旗的

绚丽多彩的校园

11

时候，老师简直快气疯了，全班同学努力了近一年，只要这次一得到，咱们班年终积分就可以上前三名，可现在……我气冲冲地冲进教室，一把拽起你，把你拉到办公室："不是告诉你，让你好好剪指甲吗？你看看你的脏手！还能……"话还没说完，老师已经看到了你的那双手，那是一双什么样的手啊！指甲里全是黑泥。五个手指头像刚从炭灰里抽出来。而那手背上，食指、小指上，已经绽开了好多裂口，有的结成了血痂，又蒙上一层黑色，有的还可以看到红红的血口。这哪里是一双孩子的手！一下子，老师看着你那张依旧写满漠然的脸，不知说什么好。"你从来不洗手吗？"过了许久，我才轻声责问道。"洗了。""洗了还那么脏！"我把你拉到盆架前，倒了一盆热水，决定给你好好洗洗手。

　　轻轻地，我握着你的手，心里不知涌动的是一种什么感觉，一起漫在盆里。"先泡泡。"我说。我皱了皱眉头，轻轻吸了口气："疼吗？"你依然没吭声，只是摇摇头，我开始给你打香皂，在厚厚的泡沫中，我的手穿过你的手腕、手掌、手背和你的每个指尖。"老师，你的手真白、真软。""是吗？"我笑了，扭头看见你黑黑的依旧拖着鼻涕的小脸蛋上，竟然也绽放出了一个可爱的笑颜。"小脏鬼"，我笑着，干脆又往你的脸上也抹了一堆堆的泡沫，看你那满是泡沫的小脸幸福地笑着，老师的眼泪却不知不觉地流了下来……那个时候，我才真正感到，你只是我的一个需要呵护疼爱的小弟弟，一个才8岁的孩子啊！

也就从那一天开始，我每个星期一都把你叫到办公室，给你剪指甲、洗手，而你也渐渐开始对我讲一些你和你母亲不愿为人所知的家事，以及你们艰难却又顽强地生活。从那天开始，那每一次洗手，成了你我之间最好的交流方式，而你也乐于在这个时候，回答我的一些问题，从潜意识里采纳老师的一些建议。半年以后，由于校领导的多方努力，你终于可以和班里的每一个孩子一样，开始正常的家庭生活。一年以后，你已经成为一名小组长，并且被大家提名为班委。而今天的你，已经是学校里一名比别人略显成熟的大队干部了。

看着你健康成长，感觉你从内心到外表的每一点转变，老师都感到无比的欣慰和幸福。

而与此同时，我也在想，为什么一开始的时候，你不肯和我进行交谈，却总是选择沉默和对峙呢？我不光只是训斥，我也有语重心长啊！为什么在你转来近一年后，一次偶然的洗手。才能使我真正了解你如此复杂的家事和你那难言的痛楚呢？

那一次次的家访被你用尖锐的言语拒绝，那一次次我自以为是苦口婆心的劝说，只换来你当时那无言的反抗，所代表的含义，我到现在才真正地理解。无论我当时用怎样的方式，我都无法抛开老师所谓的尊严。在你看来，我只是一位高高在上，不了解又根本无法容纳你的大老师而已。

所以，老师也想告诉你，是你的一双小手、一脸漠然，让老师深

绚丽多彩的校园

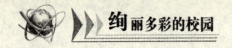

深地自责，深深地震撼，让我更深一层地理解了教师这个职业的内涵和深邃。

　　现在，请绽放你的微笑给我吧，因为你的每一份快乐就是老师全部的甜美。

新转来的插班生

（德国）阿米琪斯

　　昨天下午，正当老师告诉罗伯弟今后非得拄着拐杖走路时，校长领进我们教室一个插班生。这个男孩儿皮肤呈棕色，长着一头黑发，两只水汪汪的黑色大眼睛不停地滚动着，浓密的眉毛贴着前额，一身黑衣服格外醒目，腰里系着摩洛哥黑色皮带。校长在老师的耳旁咕哝了几句话，留下男孩儿便出去了。男孩子露出惊恐的神色，用他那黑黑的大眼睛注视着我们。老师拉着他的手对全班说：

　　"你们应当高兴。今天，有一个出生在列佐，卡拉布里亚市的意大利男孩儿来我们学校念书，他的家乡离我们这里有五百多英里。你们要爱这位远道而来的你们的兄弟。他出生在一个意大利引以自豪的地区。那里为国家产生过杰出的人物，卓越的劳动者和骁勇善战的军人。那里有一望无际的茂密大森林。雄伟的高山，居住着勤劳、智慧、英勇不屈的人民，是我们祖国的一块宝

绚丽多彩的校园

15

地。你们要真心实意地爱这个孩子，别让他感到自己是远离家乡的外地人。你们必须使他看到一个意大利的孩子，不管他来到哪所学校，都会找到亲如一家的兄弟。"

老师说完站起来，在一张意大利地图上，指着列佐，卡拉布里亚市的地理位置，对那个总是得头等奖的孩子大叫一声：

"埃尔纳斯托·德罗西！"德罗西马上站起来。

"到这儿来！"老师发话。德罗西离开座位，来到讲台前，面对卡拉布里亚的孩子。

"你是学校的优秀生，请你以全班的名义拥抱新学友。表示欢迎。这是皮埃蒙特区的孩子拥抱卡拉布里亚区的孩子。"老师说。德罗西紧抱卡拉布里亚男孩，用他那响亮的声音说：

"欢迎！"男孩儿也狂吻德罗西的面颊，大家热烈鼓掌。老师大声说："静一静，教室里不准鼓掌！"可以看出，今天老师特别高兴。那个男孩儿同样非常高兴。老师分配给男孩儿一个课桌，陪他到座位上坐下。老师接着说：

"你们要牢牢记住我说的那些话。一个卡拉布里亚的孩子来到都灵要像在自己家里一样自由自在地生活，而一个都灵的孩子到了列佐·卡拉布里亚市也能像生活在自己家里一样。我们的祖国为了这一目的曾奋斗了50年，有3万意大利人为国捐躯。你们每个人要学会互敬互爱。如果有一天，你们中间有人因为男孩儿不是我们省里的人，就做对不起他的事，这种人就再也不配从我们美丽的国土上仰望冉冉升起的三色国旗。"男孩儿刚坐下，周围的孩子纷纷送给他钢笔和画片，坐在最后座位上的另一个男孩儿送给他一张瑞典邮票。

我读懂了"0"的含义

林义兵

依稀记得孩提时，妈妈握着我的手，在纸上教我写0。那时，天真幼稚的我对0一无所知，只觉得它形如烧饼、大鸭蛋。

上了小学，我对0有了新的认识，并且对0产生了憎恨与害怕之情。一次，同桌由于考试作弊，被监考老师发现，结果，得了0分。随之而来的是老师的责备，父母的殴打，同学的讥讽与嘲笑。每次看见同桌那垂头丧气的样子，我总这样想："倒霉的0，希望我不会碰到。"并且，不懂事的我也经常抱怨世间的不平，为何要有0与100的区别。0的阴影笼罩在我心中。

进入中学，涉世未深的我碰到了倒霉的0，撞得我好痛好痛，对0的憎恨之感急剧上升。

初一上学期，学校组织作文竞赛。我满怀信心地报了名，并发誓要夺个第一。几个星期我不分昼夜阅读范文，一篇又一篇地修改与重写习作，耗尽了我全部的休息时间。而迈进考场，面对眼前空空的白纸及作文题目，我却茫然了，脑海里一片空白，简直不知所措。结果，我因跑题而得了个0分。残酷的事实让人简直不敢相信，我更觉茫然而无望。

从此，我变得消沉了，变得不求上进了，整个人埋入了自卑的苦海中，对0的憎恨之感更加强烈了。

"林义兵，你认识它吗？"那天班主任意外地把我叫到办公室，并指着数轴上的原点问我。"0啊！"我脱口而出。"是啊，0。"班主任叹气道："正是这个0，使你失去了写作的兴趣，也正是这个0，使热情活泼的你变得沮丧、自卑起来……"班主任似乎也在为我叹气。停了停老师又开口："你看，这0也是正负数的交界，我们能不能向它的右边走？你上次作文竞赛失败了，有没有好好分析原因，有没有争取下一次胜利的信心？"班主任边说边把0的右边标上1、2、3……

走出办公室，脑海中总浮现出那数轴上的0、1、2、3……耳边又响起老师那番话，似乎悟到了什么……

终于，我不再悲观泄气，不再消沉自卑了，我再次燃起了学习的热情。功夫不负有心人，初一下学期作文竞赛，我获得了梦寐以求的第一名。

随着知识的增多，年龄的增长，我更加深刻地了解了0的含义：千里之行，始于足下，任何成功都是从0开始的啊。

青春，笑纳成功，也不拒绝失败。谁又能否认0是成功的一块基石呢？

绚丽多彩的校园

我学作文的小故事

佚 名

我学作文的"历史"中，曾有这么一件十分有趣的小故事。

那是我读三年级的时候，很调皮，手脚总是闲不住，做什么作业都不认真。特别是三年级开始有作文了，更不习惯。

一个星期天，老师布置写一篇作文：《记一件趣事》。一早，我在妈妈的督促下拿纸笔来做作文。心里一边想着玩，一边想着要应付检查，总得写几句呀！但是想来想去，有什么趣事好记呢！心里就暗暗埋怨起老师来，你什么题目不好出，偏偏出这个题目——趣事、趣事，一点趣味也没有。想了半天。连一个开头还写不出，就心一横，自言自语说："对，还是先去玩~会再来写吧！"

于是我避开妈妈，猫着腰，溜到隔壁李明家，隔着门缝，把李明叫出来。

李明问："你叫我干什么？"我说："我们到小溪里去捉虾好吗？"

李明一听，乐了，立即回去拿了个瓶子，和我一起向村外小溪跑去。

我们在小溪里捉虾，不一会儿就捉到好几只小虾。它们在玻璃瓶里东冲西撞，逗得我俩哈哈大笑……

玩着，玩着，我忽然想作文还没写呢，不禁轻轻喊了声："糟糕!"就快步向家里跑。弄得李明莫名其妙，他也只好恋恋不舍地离开小溪回家去。

到了家，妈没醒呢，大概她夜班回来又料理了家务太累了。我赶紧溜到房里，翻开作文本写起作文来。这时，不知怎的我的大脑转动得很灵了——我把在小溪里怎样捉虾，怎样看瓶中小虾惊慌失措、东冲西撞……甚至把李明笑得跌坐在溪水中湿了裤子的狼狈情景，也写进去了。

写好作文，我情不自禁地笑了。妈妈被我笑醒了，看了我的作文，直夸我的作文写得好。不知怎的，从此，我不但不感到作文难，而且爱上了作文。以后我渐渐懂得搜集作文材料的方法，还养成了随时把亲自做的、看到的、听到的有意义的事情记下来的习惯。因此，我的作文成绩也一年比一年有了提高，这次毕业考的作文我也感到没有什么困难了。

绚丽多彩的校园

一堂音乐课

王周生

我有幸在费城密富林小学旁听了儿子的一堂音乐课，真是生动无比，其乐无穷。

那是一个冬天的上午，大雪覆盖了街道、房顶和学校的操场，太阳露出苍白的笑脸，寒风飕飕地刮个不停。我往学校走去，睫毛上沾着冰霜，浑身冰凉，只想赶快暖和暖和。

我跟着二年级的一个班进入教学大楼，暖气顿时使人觉得像春天一样，一进音乐教室，迎面扑来一股生动活泼的气氛，宽敞的教室布置得五彩缤纷。一排排椅子围成半圆形，面对着一架立式电子琴。四面墙上贴着各种有趣的图画，有米老鼠唐老鸭，有在五线谱上跳跃的各种可爱的小动物，有在童话书中看见的那种幽静甜美的风景，有白马王子和美丽的公主，甚至玻璃窗上都有鸡、猫、狗、兔在引吭高歌。

音乐课由两位老师上，这和上其他课一样，一个主讲老师和一个助理老师。主讲老师专管上课，助理老师管改作业，维持秩序。这两位老师是费城坦普尔大学音乐学院的学生，在小学兼职。这天，教一首名叫"兔子先生"的歌，一个老师弹电子琴，另一个教歌。她给全班二十几个学生每人发一个敲击乐器，一边教唱，一边让同学们合着电子琴声敲击，掌握节奏。童声、乐器声中，电子琴声响成一片，格外动听。

教了几遍，老师叫所有小朋友站起来围成圆圈跳舞。这下，叽叽喳喳像开了锅。歌词的第一段是说兔子先生有一双红靴子，老师不假思索就把自己脚上的红靴子脱下来，给一个小女孩穿上，自己赤脚站在地板上拉着女孩边唱边跳。那女孩穿着大靴子，摇摇摆摆特别滑稽。我坐在那里，看着孩子们笑得合不上嘴，惊奇极了，老师赤脚和孩子们胡闹，这在中国人看来，疯疯癫癫成何体统！

歌词的第二段是说兔子先生有一对长耳朵，老师把做好的纸耳朵戴在我儿子的头上，他看看我，有些害羞，可是当老师拉着他跳起来时，他尽情地笑开了。那长耳朵直竖的模样煞是可爱，我禁不住也笑了。歌词的第三段是说兔子先生有一条短尾巴，老师拿出一条尾巴要夹在另一个男孩的屁股上，那男孩忸怩不肯，眼睛直瞅我。孩子们咻咻笑着，老师边笑边劝说。看来是我这不速之客使他难为情，我看着他，真诚地对他点着头，他终于撅起屁股让老师把尾巴夹在裤子上，这时，大家笑成一团。

情绪达到了高潮，老师领头，孩子们一个拉着一个学着兔子先生骄傲的模样，昂首挺胸唱着、跳着，突然我被大家团团围住，他们邀

绚丽多彩的校园

请我加入跳舞的行列，我不由自主地站起来，拉着老师的手移动脚步。噢！那赤着双脚的老师，那套着红靴子像唐老鸭似的女孩，那戴着长耳朵和夹着短尾巴的男孩。那优美的琴声，那足以把屋顶掀翻的笑声……生活是多么美好，谁把美和欢乐带给人们，谁就该是最好的老师。对这两个音乐老师，我还有什么可挑剔的呢？

　　我突然感到很热，我知道，那不是因为屋子里的暖气。

怀念老师

佚　名

前几天，我最尊敬的一位老师不幸病逝了。

二十多年了，老师瘦长的身影时常浮现在眼前。

初见老师，好像是高中第一天的第二堂课。老师一袭蓝布中山装，套在他瘦高的身上显得有点肥大，背又有点佝偻。因此更显滑稽。就这么站在教室门口猛吸烟，等到第二遍铃声响过，扔掉烟头，带着不太自然的微笑走上讲台，然后在黑板上手写三个大字"左郁文"，清秀的行书，像他身躯一样瘦，看手势像是用尽全力在写，但字迹却缺少道劲的力度。老师说，这个名字是祖父给起的，出自《论语》"周监于二代，郁郁乎文哉。吾从周"之句。第一印象是老师有点腼腆，像个农民。

一个星期后，老师的底细就基本摸清了。

学校为升学率计，招来了两个民间能人，一个是刘礼吾，另一个就是左郁文。刘礼吾是我们的班主任，颇有学者风度，据说砖头厚的

绚丽多彩的校园

25

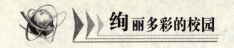

书籍能够倒背如流。有从仙槎桥来的同学，说左老师原来是个铁匠，家庭出身是地主富农之类的，反正是那个时代在政治上抬不起头的。考大学是高分，但未被录取，就因出身问题，现在在研究明史，准备报考研究生，等等。

老师上课一般是不带讲义的，一根粉笔，一把刷子，写得少，讲得多，精彩处手舞足蹈。不过，难得见他激动一回，总是那么轻言细语。就算是我们这帮坐在后排的捣蛋角色干与课堂无关的事，他也顶多是带着一脸调侃的笑容，边讲课边从你身边走过，看你的眼神里没有愤怒，没有责备，我从他眼神里读到的是父亲般的抚慰，也有对少年心性的理解，当然也带有那么一丝对不谙世事的晚辈的轻蔑成分。实在不行，他就开始讲故事了，名人轶事、诗词典故等，经他嘴里说出来，就有了一种不同的味道。往往这个时候是教室里最安静的时候。有时候也玩点文字游戏。像成语接龙、拆字对联等等，曾经掀起过一阵对联热。同学们到处收集那些"冰冷酒，一点、两点、三点"，"清明挂青，子打纸，坟前焚钱"之类的奇联、怪联。说来好笑，有时课堂纪律好了，老师不讲故事了，我等几个就会商量着：是不是该促进一下了？

现在想来，在文字方面受益最大的应该来自左老师，虽然老师不教我们语文，但老师教给我们的语文知识比他的正课似乎更多，现在提倡的素质教育其实左老师早有示范。

在我所有的老师中，左老师应该是印象最深刻的。但说来惭愧，自从参加工作之后，就再也没有见过老师，也没有联系过。近几年时常在报上看到署名"左郁文"的文章，完全是大家手笔，不敢肯定就是老师写的，世上同名同姓者多矣。再者，老师一个文弱书生，那么温文儒雅的一个人，性格内敛，未必能写出那么多锋芒毕露的文章来。另外，自己也有一些自卑的想法，在老师那受教颇多，到如今一事无成，总觉得难以启齿。所以几次想打电话证实一下，总是犹豫难决。那天看到讣告，心里猛地一震，赶紧回家上网搜索了一下，发现有与老师熟悉的人，发信息一问，果然就是原来老师早已著作等身，《一吐集》、《两半集》、《三晶集》、《四顾集》等，已成一系列杂文、散文集。其杂文针砭时事，一针见血，有人形容为"温柔的解剖刀"；其散文清新隽永，用词遣句颇有古风，别具一格。唉，读书时用功不够，如今又永远错过向老师讨教的机会了……

　　斯人已逝，此心戚戚。说什么都是无用的了，唯有用心去体会老师的精义，做个纯良真诚的人。

考验老师

（美国）艾尔·约翰逊

有个名叫卡莉·韦斯特的女生，使我取得了一项大胜利。我第一天授课时，曾在班上宣布："我只有一条规则——尊重你自己和教室里所有其他的人。如果你不懂得尊重自己，就自然也不懂得尊重别人。如果你不懂得尊重自己，那就代表你有问题。我们会纠正这问题，因为人人都有享有个人尊严的权利。后来，卡莉突然莫名其妙地有了一种"不好的行为"。我讲话的时候，她会直望着我的眼睛，大声打哈欠。她的哈欠总是历时长久又动作夸张，还具有感染力，会使许多别的学生也都打起哈欠来。

卡莉每打完一个哈欠，都会露出可爱的笑容，并且装作很诚恳地道歉。当然，我和她都知道她一点也无歉意。这显然是对教师的考验。

"打个电话给她父亲"，海尔·葛雷向我建议，"你打了个电话到他们家里去之后，那些孩子就会突然乖起来。"

"可是以前我读书时，如果有个老师打电话到我家，说我行为不好，我父亲必定把我痛打一顿。"我说。

"你不必提起她在教室里的行为不好，"海尔说，"你只要跟她母亲或者父亲闲聊几句，她就能够会意了。"

我不喜欢这么做。她的父母会问我她在学校里乖不乖，而我只能据实相告，不过我总得想个办法。也许可以写封短信给她父母，这样，我就可以随便说什么，又不必答复他们提出的问题。然而，要是我坦白告诉韦斯特夫妇卡莉在教室里捣乱，他们就被迫要表明立场。如果他们要偏袒女儿，我就输了。

终于，我写了封短信给韦斯特夫妇，告诉他们说，我对于有卡莉这样的孩子在我班上，感到非常高兴，因为她聪明伶俐，风趣可爱，而且成绩不错，总平均是乙。第二天，卡莉第一次打哈欠之后，我就把信递给了她，请她交给父母。她当然偷看了。这是卡莉最后一次在教室里打哈欠。

到了下星期一，她走到我的讲桌前。"强森小姐。谢谢你那封信，"她说，"我母亲把它贴在了冰箱上让大家看。在我家，那里就是光荣榜。不过我父亲不相信我在你教的那科能拿到乙。"

"我看不出为什么不能，"我回答说，"你很聪明，总是最先交作业。"

"不错，"卡莉说，"但是我从未得过甲。"

"那是因为你总是不能把作业做完。如果你把作业做完，你会得甲的。"

"可是我的测验成绩也从未得过甲，"卡莉说时，低头瞧着她的笔记本，"我总是拿丙。"

"你是否从来不温习？"

"是的。"

"我敢打赌，要是你肯用功温习，就会拿甲。"我用手指轻敲她的笔记本，直到她抬起头来看着我。"我是说真的。"

"你确实认为我很风趣？"她问。

"是的。"我点头说。

下一次考试时，卡莉拿到了乙上。到了年底，她英文的成绩进步到了甲。

这个成就令我大为鼓舞，我决定给每一个学生写信。我分三批写。第一批写给"坏"学生，因为我认为他们最需要鼓励。有时候我要想很久才能想到些好话，但是我从不说假话。我在每一封信里都说，由于这孩子品性纯良、彬彬有礼、善于与人相处，我对于有他在我班上，感到很开心。

我的功夫并没有白费，只有少数学生依然故我，大部分都已改变了以往的不足。杰森不再是个贫嘴的小鬼，他已成为一个"聪明机智的年轻人，班上举行讨论时，他的言论常常能够提供一点引人欢迎的风趣"。雪莉是个成绩只勉强及格的学生，但是她"总是把头抬得高高的，充满自信，觉得自己是个衣着不俗而举止高雅的少女"。

给"模范学生"的信很容易写。我赞扬他们字写得好，不缺课，测验分数高。而且我也没有忘记称赞他们的行为和性情，因为孩子对这些比对学生荣誉重视得多。

我开始写第三批信给那些既不特别好，也不特别坏的"中间"学生时，发觉自己对他们之中的一部分人竟然毫无印象。然后，我开始反省为什么会有那么多好孩子这么容易在我这儿会受到遗忘。他们说话不粗声粗气、举止比较斯文、性格不偏激。他们不惹是生非，也不喜欢出风头。他们在莘莘学子中默默无闻，而他们之所以会这样，往往是出于自愿，但有时则是由于被别人比了下去。

最后一批我写得特别小心，花了许多时间。我把它们分发给学生时，双眼一直看着他们的脸，直到看到他们也对我回看，才把视线移开。给每个学生都写信之后，我感觉到学生渐渐对我都亲密起来。那种感受美妙极了。我发觉教室里的气氛也已改变，那些学生也真正相信我对他们每个人都有了认识，对我不再采取对立的态度了。我们互相尊重。

千千阙歌

佚 名

17岁那年上大学，母亲本说好了要送我。但在临走的那一刻却变了主意，兴高采烈、满怀着闯世界念头的我，并没有注意到她挥完手转过身去眼角的那一瞥闪光。父亲送我到车站，我还穿着个夏天一直穿着的短裤和背心，脖子卜挂着一串钥匙，满不在乎的样子，一种孩童似的想装潇洒的幼稚。父亲把钥匙从我的脖子上摘下来，说："你已经不是个孩子了，要学会照顾自己。"这时开车铃响了，父亲朝我挥手，然后身影越来越小，越来越淡，成为我17年中一直不变的风景。

那一路上我有初脱樊笼的快感，一直与人侃着，少年老成似的。而火车离父母是越来越远了。

第一学期有着新生通常的求知冲动，把饭钱省下来买书，弄得面色黄黄的，头发又很长时间未理，在脑后飘着。寒假回家，母亲来接站都没有认出我，直到我走到她身边，哑着嗓子喊了声"妈"，她才回过神来，接着便是夺眶而出的眼泪了。在这个冬天里，母亲每天天不亮就起床去集贸市场买肉，给我做最喜欢吃的排骨汤补身子。当我吃得狼吞虎咽的时候，她总是静静地坐在对面看着我，露出高兴和满足的样子。

然后便是暑假、寒假、暑假……岁月悠悠而过，让我历练出几分自以为是的"成熟"，有了几次离别之后，便对这套仪式看得比较淡了，每次都不要父母送，但他们每次都坚持要送，这似乎也成为一种仪式，没有太多的意义，在我看来。

某次快放暑假的一天，我穿过午后的校园，广播里响起了这首《千千阙歌》，心的硬核被音乐冲击出一个漏洞，并从那一点上开始破碎，那是我一直都忘却着的一种感觉，一丝情愫。在缠绵悱恻的音乐声中，我的眼前浮现出母亲眼角的闪光，父亲摘下我的钥匙串，冬夜里的排骨汤，我 17 岁那年夏天的短裤、背心……音乐陪伴着我走过整个午后校园。那结尾的 Repeat 还在一直响着，响着，使我感觉自己从未像今天这样长大，在我生命里一直回旋着这首歌曲。

原来离别总是美丽的，即使是眼泪，也"祈望可体恤兼见谅"，幼稚和无知也许是感触不到这种美丽的唯一错误。过去的十几年总以为自己已长大得足以去忽视这种情感，这种美丽在父亲看来，只要他们在，我就永远是孩子。母亲呵护而浓浓的爱，父亲严厉而淡淡的爱，纵使远隔万水千山，也一直伴随着我，激励着我，只是自己感觉不到而已。

这以后的几次别离都让我有了一种别样的情绪，每次坐在 38 次列

33

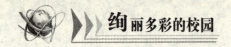

车上，我总听到列车播音室播放这首《千千阙歌》。也许以前一直有，只有我感觉不到而已。每次我总会在心底轻轻和唱着，以前那些在父母膝下承欢的美丽岁月，如花一样地在脑海中次第绽开，是一生中最最美好、最最温柔、最最无瑕的回忆。

上次寒假为了一件小事和父亲怄气，并且粗暴地拒绝了他的"讲和"。到上车的时候，本想一个人偷偷溜走，却不知父亲已把行李包背在身上，去火车站的路显得如此漫长，父亲不停地叮嘱"回去后一定赶快来信，免得我们挂念"，"要注意身体，晚上早点睡觉，别熬夜"，"要舍得吃，营养要跟上，钱不够家里寄"，同样的话听了 5 年，我都听烦了，只是机械地应和着。上车后，我检查背包，发现里面偷偷塞了一袋水果和饼干，知道我有洁癖，不喜欢在火车上吃东西，父亲特地用消毒液把苹果浸泡一遍，还有一篇我即将要写的论文的参考书目，是父亲的笔迹，怕被水弄湿，他细心地用一个塑料皮套起来。我几天来努力营造起的矜持与冷漠，一瞬间如破碎的面具簌簌落下，我急忙朝车窗外望去，是一片黑暗，已离开站台很久了，我又忽视了父亲的道别。我静静地坐了许久，列车上的"点歌台"开播了，如同往昔一样，又是那首《千千阙歌》，又是那熟悉的曲调，我哭了，像个孩子似的，流着泪大声唱起来，周围的人都以诧异的眼光看着我，而我却并不在意，我为无知的冷漠而流泪，为平时觉得很"婆婆妈妈"的爸爸的细心流泪。为我迟到的愧疚流泪，让我在歌声中大声地再哭一次，再重温属于我们彼此的晚上，不管明天怎样，就让我再做一回不懂事的孩子，一个任性的孩子，一个穿着短裤和背心，挂着钥匙串上大学的孩子……

歌声越来越弱，渐至消失，但在我模糊的泪眼中，整个的晚上、整个的天空、整个的我 21 年的岁月都充溢着这首歌曲，唱彻千千遍，永不停止，阒阒回复……

来日纵是千千阕歌

飘于远方我路上

来日纵是千千晚星

亮过今晚月亮

都比不起这宵美丽

都洗不清今晚我所思

因不知哪天再共你唱……

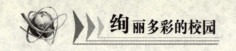

教　鞭

司玉笙

那教鞭是白蜡条截的，有二尺来长——黄河故道盛产这种耐旱植物——赵老师一进教室就往黑板上方摸：那是放教鞭的地方，供他专用。

赵老师大学毕业后就回镇里教书。书教得好，可很严厉。看到谁做小动作，也不训，过去就照头上敲。待被敲者龇牙咧嘴地抹头时，他就将教鞭背到身后，好像什么事也没发生。县中学几次想调他过去，都被他用一句生硬的话挡回：我在这儿多自在，想敲谁敲谁。

在镇里，他的长辈，敢说这话。背地里，人们都叫他"赵疯子"，好像这是一种尊称。

对那教鞭体味最深的是箍儿。箍儿生性泼皮。挨教鞭的次数就多。箍儿同赵老师是本家，按家谱要高称赵老师两辈。挨就挨了，箍儿回家也不敢告诉爹娘，不然的话还会加一顿臭鞋底。

那一次箍儿恼了，放学后从后窗钻进教室，将赵老师的教鞭盗出，发狠地扭断为几截，一一扔到路沟里，嘴里还嚼着几个字：叫你打，叫你打！

翌日赵老师来上课，上了讲台就朝黑板上沿摸。没摸着什么，踮踮脚又挪挪地方，竟沾了几指头陈灰。赵老师脸一寒，问，谁干的好事？同学们面面相觑，都不说话。箍儿低下头想笑又不敢笑。

赵老师擦着指头上的灰，说，箍儿，站起来！箍儿脑瓜子灵转儿，说，亮爷，俺给你再弄一根去。说罢，泥鳅般滑出后门，待他汗水淋淋地跑进教室，手里攥着一根比原先粗一点的白蜡条。赵老师接住后，在讲桌上敲了敲，说，好，好！

放了学，赵老师将箍儿单独留下，两手将那教鞭来回窝成弓状，说，跪下！箍儿翻起白眼珠，说，亮爷，俺不是又给你弄了一根吗？咋又让俺跪下？老师打学生是犯法的……

犯就犯了……跪下！

见箍儿站着不动，赵老师抬腿朝箍儿腿弯子里踹了两脚。箍儿的身子折尺似的矮了下去，可很快又直了。

你爹娘辛辛苦苦供你上学，容易吗？跪下！

箍儿还是不跪。赵老师的教鞭就在箍儿身上可劲儿留下几道痕迹。箍儿抹着泪走出教室，赵老师却认真地将教鞭放回老地方。这以后，箍儿再也没挨过教鞭，学习成绩竟扶摇直上，两年后考入县重点高中。

箍儿去县城上学，赵老师很少再见到他。遇见箍儿的爹娘，赵老师就问，箍儿咋样？箍儿的爹娘就说箍儿知道用功。懂事多了。赵老

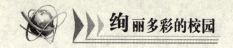

师说，这孩子是块料儿，可惜我很长时间没见到过他。

那年暑假里，赵老师病倒在床上，很多学生都去看他。赵老师见了与箍儿同班的学生就问，箍儿呢？学生摇摇头说不知道。赵老师就叹了口气说，我对他太狠了。

那日下午，赵老师正睡着，一个声音轻轻地喊，亮爷，亮爷！赵老师微开双眼，视线里一个英俊的小伙子渐显于前。是箍儿！

箍儿说，亮爷，我考上师院了！赵老师一扑棱坐起来说，好，好！箍儿说，我早想来见您，可……

别说啦，别说啦。

箍儿声音颤颤地，说，能把那个教鞭给我吗？

赵老师说，不是早给你了吗？

沉默中，就见亮晶晶的泪水在箍儿的眼眶里滴溜溜转，越积越多，串成珠滚落下来。

老师！他喊了一声，双膝一弯，跪在赵老师床前。

高三的秋

杨雨萱

我，趴在 9 月的尾巴上，回想高三生活的第一个月，这一个月的感受真似有百般滋味在心头。

最初，自信满满的我，被迎面而来漫天飞舞的试卷兜头打得彻底懵了过去，只能戴着残破的盔甲落荒而逃。方寸大乱的我坠入迷茫陷阱，心中充满不安。面对书本，提不起以前的学习兴致，甚至有厌烦的感觉，心中的浮躁一刻不停的向我咄咄袭来，我蹲在死角却无力反抗。反复问自己"怎么了？我究竟是怎么了？不是已做好准备了嘛，为什么还是被打的只能逃跑?!"

高三的号角已经吹响，为这一年我付出很多，难道要让一切努力和等待都付诸东流，而甘心做一个懦夫逃避现实？不，一定不！我，不甘心成为弱者，任命运在时间的手术台上宰割。

日子，被渐起的秋风吹过，街道两旁的梧桐树叶，在风中盘旋飞向未知的方向。春来草自青，秋到叶自落。春天，萌芽复苏，绿色洋

溢，生机勃勃。盛夏，它将生机彻底绽放，绽成枝头浓密，化不开的绿。秋风里，它的身躯日渐干瘪、蜷缩，终于在某个秋日的清晨或傍晚，失去水分的身躯，荡悠悠地飘落枝头。"落红不是无情物，化作春泥更护花。"它将在冬天，化作树根的一杯泥土终结一生。短暂的一生中，叶都在努力释放自己。不管是初春带给人们关于春的喜悦，还是夏日投下一片片浓密的绿荫；抑或留下秋的遐想，还是冬天化作春泥孕育下一个轮回的盛放。不管在什么时候，叶都没有放弃，用坚持与等待在生命中的四季绽放出灿烂的投影。

9月份快结束的时候，灰色天空下起入秋的第一场雨。密密斜织的雨帘，乍一看竟有些春雨的风韵；那静静落下的雨，带来凉凉的气息。真的是秋天了，即便我拼命骗自己还是夏天，可夏仍在秋来到的前一天悄悄走了。如果，我活在自己编织的不切实际的幻想中，将永远看不到我前进的方向。

"自古逢秋悲寂寥，我言秋日胜春朝。"秋天来了，我应坦然面对。就像高三，不管是天使还是魔鬼，摆正心态，便可以迎接它的挑战。

雨还在下，躁动不安的心凉凉的。雨中，我开始镇静下来。我不再迷茫，因为我有梦想在前方！梦想的色彩，是天堂的光芒。它，在高三的旅途中，是指引我前进的方向！

画杨桃

维　祖

　　念小学四年级的时候，害了一场大病，在家休养半年。父亲为了慰我寂寥，教我读唐诗，下围棋，还教我学画画。他是岭南画派祖师爷高剑父、高奇峰的弟子。岭南画派是吸收西洋画技法的，因此我学画自然要从素描入手，画鸡蛋、茶杯、水壶、香蕉……父亲对我要求很严，要我认真忠实于素描对象，一丝不苟。从轮廓到光线的明暗，都要尽量准确。"你看见那是怎样的，就得把它画成怎样，不要想当然，画歪了它的模样。"他老是这样叮嘱我。

　　休养完了，回校复课，升上了五年级。有一次上图画课，老师把带来的两个杨桃摆在讲坛上，要我们对着写生。

　　课室是按学生的高矮编排座位的。在全班里我是较矮的几个当中的一个，座位编在前排靠边的地方。讲坛上那两个杨桃的一端正对着我。从我所处的角度看去，那五棱杨桃的轮廓就根本不像杨桃，而是五个角的什么东西了。

绚丽多彩的校园

哎，要是能给我换一个座位，让我从别的角度去画就好啦！可是我只能坐在编定的座位上。忠实于自己的眼睛和物体的状貌，把自己所见如实地画出来，别人会相信那是杨桃吗？我要不要按自己想象中的杨桃模样去画呢？

不！父亲的叮嘱还在起作用：

"你看见是怎样的，就把它画成怎样的，不要画歪了它的模样。"

到头来，我还是老老实实地照画了。画得很忠实，很认真，而且还相当准确。当我把自己的这幅习作交出去的时候。有几个同学看了，都哈哈大笑：

"瞧，他画出个什么来了？"

"嘻嘻，杨桃是这个样子的？"

"倒不如说是五角星吧！"

"哈哈，画杨桃画成了五角星……"

老师把我的习作要过去看了看，又走到我的座位坐下来，审视了一下讲台上的杨桃，然后走到课室中央，高举起我的习作向同学们发问：

"这幅写生，大家说画得像不像？"

"不像！"同学们齐声回答。

"它像什么？"老师又问。

"像五角星！"几个同学应道，同时发出了嘻嘻哈哈的笑声。

老师的神情变得有点儿严肃。半晌，再问道："画杨桃画成'五角星'，好笑吗?"

同学们摸不透老师发问的意味，大都不敢回答，惟有刚才笑得最响的那几个不知好歹，齐声答道:

"好笑!"

老师于是下令:"说'好笑'的同学，请离开座位，站到前面来!"

刚才还嘻嘻哈哈的几个同学不知道将要发生什么事，面面相觑，迟迟疑疑地站起来走到讲台前一字儿排开。

这时，老师走到我身旁，要我让座位，然后对那几个同学说:

"来，你们排好队，走过来，轮流坐到这位置上。"

他们只好听从命令。

"好啦。现在你看看那杨桃，像你平时想象中的杨桃那个模样吗?"老师对头一个坐到我座位上的同学问道。

"不……像。"

"那么。像什么呢?"

"像……五、五角星。"

"好，你站起来，下一个……"

老师让这几个同学回到自己的座位之后，随即和颜悦色地对全班同学说:

"说起杨桃，大家都会想到杨桃的形状:接近椭圆，肩部肥大，底部略为尖削，有五棱。但是从不同的角度看去，杨桃就不一定是人们心目中的杨桃那个模样了，有时候，它看起来就真的像五角星。因此，

绚丽多彩的校园

当我们看见别人把杨桃画成五角星的时候不要忙着发笑，要看看人家是处在哪个位置，从什么角度对着那杨桃的。我们应该忠实于自己的眼睛。当你从自己所处的角度看去，杨桃不像杨桃而只像五角星，你也应该大胆地把它画成'五角星'，不要惟恐别人说它不像杨桃，而故意把它画成将会取得别人承认的那个样子……"

老师的教诲使我一生受用。这道理自然不仅在于画画。

举起你的右手

李巧妍

在乡下教书时，学生大多是农村孩子。因为靠近市郊的经济开发区，也时不时有一些随父母奔波至此的孩子在这儿插班。我深深理解那些经济建设者们的艰辛和不易，对他们的孩子也就倍加关怀和怜惜——谁愿意手中诞生一个繁华世界的同时，身后却落下一个荒芜的孩子呢？

深秋的一天，我上完早自习回到办公室，桌边站着一个高大的男人和一个背着书包的男孩。

"你是李老师吧？"

"是的。"

"我是东方玻璃厂的工程师。"他掏出名片递给我："我和校长谈过了，想让孩子插进您的班，请您多费心。"

"不客气。"我笑道。男孩子穿着一件极宽大的上衣，双手紧紧地插在大口袋里，神情极羞怯，城市男孩一般都很大方，何况他又跟着

绚丽多彩的校园

45

父亲走南闯北见过不少世面。我觉得这个小男孩真有些特别。

"他妈妈前年病故了，所以他就穿得不伦不类的。"工程师无奈地苦笑一声。"我太忙。"

"你叫什么？"失去了母亲的孩子更让人怜爱。我伸手想把他拉到身边，他却被电击似的倒退一步，偎依着爸爸。

"他叫黄涛。"父亲略带歉意地代答。

我把他安排到第三排，和班长李薇同桌。李薇是班里头号大方泼辣的女孩子，也许会感染他沉默寡言的性情。可是，第二节课我一进教室，李薇就举手报告："老师。黄涛占我的位子！"

果然，黄涛静静地坐在左边的位子上，盯着课桌。好个霸道的孩子可又没有霸道里常含的匪气。

"你先坐在右边吧。"我对李薇说。李薇困惑而气愤地看着我，她也许不明白一向是非分明的老师怎么突然这么没有原则？其实我也不知道自己为什么要这么做，只是直觉总有些特别的理由。

做练习的时候，我恍然大悟：黄涛在用左手写字。学生们也很快发觉了，纷纷把目光转向黄涛，轻轻地议论着。黄涛的头越来越深地埋了下去。

"大家不要奇怪，有人善用右手写字，有人善用左手写字，用左手写字的人虽然非常少，但和大家一样是正常的，请大家专心做题。"

教室里慢慢静下来。放学后，我留下黄涛单独谈话。

"你从小就用左手写字吗？""嗯。""你写字时为什么不用右手压住本子的另一边呢？那样本子不会移动。""我有压尺。"他固执地说。"用手更方便些，长着右手不是让用的吗？"我有点生气。他低下头，不说话。

一个课间，学生做完操之后，我正回办公室，李薇气喘吁吁地赶上来："老师，黄涛和别人打架了！""为什么？""不知道。做完操后，黄涛和几个男生呆在教室里，不知怎么就打起来。我听见有人喊"黄涛没右手！"

我飞奔到教室，黄涛满面泪痕地和几个男生一起厮打，见我进来，男生们都停下来，黄涛趁机狠狠地用拳头砸着。

"住手！"

黄涛置之不理，仍然挥动着拳头。我抢上前抓住他，喝道："你还有没有纪律？"

"我不想上学了。"他冷漠地说。"为什么？""我不想让人拽着我的袖子研究我有没有右手！"他大吼一声，跑出了教室。

下午他没来上课。我拎着他的书包来到东方玻璃厂，找到他的家。开门的是黄工程师。

"老师……"他欲言又止。

"我想知道黄涛的右手是怎么回事。"

"其实我早该告诉你的，可他不让。他小时候，我常带他去工地玩耍，一次意外事故中，他失去了右手。为此孩子变得十分敏感和自卑。我们转了不少学，最后索性不上学，在家自学。因为，他受不了别人的同情和嘲笑——他太要强了。来到这儿时他也不愿上，我想农村学生厚道，不会惹什么事儿，才硬送他来，可没想到又……"

"为什么不上特殊教育学校?"

"他不愿意，他说自己不是残废。"

我心里一热："他在哪儿?"

黄涛打开门。慢慢挪出来，呆滞地看着我。

我拿出书包："我来给你布置一下今天的作业。"

一连两天，我让那几个打架的男生去黄涛家道歉。第三天。黄涛来了。过了一段日子，黄涛慢慢和同学们亲近起来，有一天，居然敢用左手和男生们掰手腕了。胜利之后，他笑得很开心——毕竟还是一个孩子啊。在课堂上也敢举左手回答问题了。有时候我不叫他，他还把手举得高高的，一脸焦虑。

可我心里一直放不下他袖子里的那只右手。我知道，让他有勇气举起左手，只是给他的精神一种保护一种抚慰，能使他有胆量举起那只无掌的右手，才意味着真正的灵魂的跃进。

那天，我讲解着单元测试。因为事先检查过，我知道黄涛做得很好。黄涛果然举起了手。我一直不叫他。问题快回答完了，我还是没叫他。

最后一道是最难的。只有黄涛举起了手。我看着他，不做声。

"老师，我会!"他急得喊了出来。

"黄涛和别的同学一样，举起你的右手!"

黄涛怔住了。全班一片寂静。

"黄涛，举起你的右手。"

黄涛的泪水慢慢蓄满了眼眶。

"老师，他没有右手。"李薇怯生生地提醒我。

"举起你的右手。"

终于，黄涛慢慢举起了那只袖管套着的手臂。

大家听着，黄涛什么也不缺，他也有右手，他的右手和你们的一样有请求回答问题的权利。黄涛记着："不要隐藏你的右手，只有举起你的右手，你才有可能站起来！"

一年之后，黄涛又转学了，从他的信里我知道，他在入团仪式上举起了右手，在所有表决他意志和心愿的时候，他都举起了那只无掌的右手。他说："谢谢你们把失去的右手还给了我，我永远记着您的话：只有举起你的右手，你才有可能站起来！"

后来我还听说，他再也不穿那种长袖子的衣服了。在夏天，他和别人一样穿着 T 恤衫和短袖衣服。

我的中学时代

冷 涛

时光是那样无情，从台历架日趋见薄的日历页片中我意识到了这一点。只剩下三个多月了，就是说百天之后我就要告别我的中学时代了。与其说告别倒不如说是永别，因为时间是不会倒流的（除非是超光速），流逝的中学时代不可能重新回到我的身边。也许从此我将永远告别学校，离开课桌……想到这些心中总有一种奇特微妙感觉，是留恋？是惆怅？此刻就连我自己也说不清楚。在紧张的应考复习中，很难有时间顾及这一切。只是在旧友相聚的畅谈中，才能回顾一下我逝去的中学时代。昔日同窗的每封来信总能唤起我无限的遐思，常常在梦中重温我中学时代生活。在梦呓中同同学们交谈。5 年的中学生活中有我的欢乐，也有我的痛苦，然而甜的总比苦的要多，遐想中我仿佛又回到了培育我初中三年的母校。

初中生活留下了我多少美丽的幻想，记录了我多少热烈的追求。在那里戴上了第一枚团徽，在那里我得到了知识之门的钥匙，从一个只知道语文算术的稚气少年成长为懂得数理化的初中毕业生；在那里，我体会出了老师的对学生的良苦用心，懂得了做人的真谛。在初中度过的3个寒暑充满着欢乐也夹杂着痛苦，我最初的梦想，就是在那里实现的，那儿是我的"百草园"。

记得当我怀着好奇的心情来到校园的时候，我失望了，它远不是我想象中的大学校所具有的那高大的教学楼，广阔的操场。展现在我面前的是一个荒凉的景象：不足二十间教室的三层小楼，比停车场大不了多少的操场，这一切对满怀希望的我不能不说是一个打击，我失望地跟着陌生的老师走进满是垃圾灰尘的教室。

劳动开始了，由于开始的印象不好，影响了我的情绪，干起活来无精打采，刷浆中我有意无意地偷懒，结果劳动结束后被老师狠狠地批了一顿。新老师可真凶，"倒霉！"入学第一天我就挨了批，给老师的印象肯定不会好。于是我恨起这个老师来了，学校似乎比原来印象中还要坏。然而这个印象在我头脑中只存在几天就烟消云散了。那是开学第三天我病了，晚上老师竟意外地和同学们一起到我家中看望，老师这一举动把我慌得措手不及，她询问了我的病后，又给我补习了当天的数学课。同来的同学又给我讲解了语文、英语。当时钟敲完九下时，她们才告辞回家。我望着老师的背影，心里很内疚，连一句客气话都忘说了。童心是很容易满足的，原先对老师的偏见这时已转为对老师的尊敬，被负疚的心情所驱使，我第二天就去上学了。至今回想起来那位可敬的徐老师，总有一股感激之情激荡着我，是她教给了

绚丽多彩的校园

我知识，从她那里我不仅学会了知识，也学会了对人的热情和直爽。春天我曾跟老师一起植树，盛夏的千山有我们的足迹，秋夜我曾跟老师一起送补课的同学回家，严冬的盛风里留下了我们打雪仗时的欢声笑语。而最难忘怀的是在夏令营中度过的那一周生活：我们瞻仰了沈阳六中周总理少年时读书的地方，"为中华崛起而读书"的大字时刻在我的头脑浮现。我泛舟于南湖，漫步于北陵，领略了大自然的秀美和祖先巧夺天工的华丽建筑。战机旁我亲耳聆听了机长叙述他光辉的战绩，高炉旁我亲眼看到了汗流浃背的工人……

　　我的中学时代充满了欢乐，同时也尝到了苦涩的果实。初三毕业前，我和一位最要好的同学闹翻了，他的父母在甘肃兰州，他寄居在他的外婆家，生活中我给他不少帮助，我们的关系可称亲密无间。但最后一次争论他给了我一个难堪。我翻脸了。事后他找我谈心时我没有理他，于是我们再也没有说过话，直到他离开鞍山去兰州后我才意识到：我错了，如果能够的话，我将向他诉说我的不是，但山水相隔，我无从知道他的地址，只能把深深的歉意留在心中。我正是在这种心绪中初中毕业了。

　　原本想升学无望，正在另做打算，可是命运之神并不绝情，我竟然也和几名同学一起升入了高中，这又使我已经结束的中学时代又延长了两年，这两年中我又学到了新的知识，在新的学校里又培养了我的情趣，陶冶了我的情操，增长了我的智慧。可是这段美好的生活又将结束了，留下的只有回忆。记不清是哪位名家大师曾经说过这样一段话：当你具有它的时候，你并不知道它是可爱的，但当你失去它的时候才会懂得它的价值。这句话对于即将告别中学时代的我来说感受颇深，我悔恨我虚度的时光，但当我认识到这一点时，我已经要失去它了——我的中学时代。

如果爱因斯坦的相对论现在就能实现的话，那么我一定要驾驶超光速飞船追回那逝去的时光，再次回到少年时代，重温我中学时代的欢乐、幸福……

绚丽多彩的校园

惟苦学论可以休矣

佚 名

在学校，在家里，经常听到这样的训教："书山有路勤为径，学海无涯苦作舟"，"不经一番寒彻骨，哪得梅花扑鼻香"，"学习就要吃苦，不吃苦就不会取得好成绩"。难道真是这样？

请不要回避现实！我们学生现在学习生活的确是够苦的了。清晨，当闹钟把我们唤醒。我们匆匆背起沉重的书包往学校里赶，脑际里闪现的全是老师留的作业。为了完成学习任务，日夜在题海中遨游，作业做到夜深人静，那一道道既有难度又有深度的补充题，累的人筋疲力尽。唉！我们不止一次地哀叹："如今当个学生真苦呀！"

白天，坐在明窗净几的教室里，我们把整个身心都交给了老师。一个45分钟连着又一个45分钟。脑子里那五花八门的知识像走马灯一样次第出现：刚才还是在"楚汉相争"的战场，忽然就进入了"万有引力"的迷宫；这一节还没结束"桃花源"的游赏。那一节"平面几何"的殿堂便拉开了帷幕。我们全神贯注，任凭敬爱的老师领航导游，神经绷得紧紧的，说实话，对待学习可谓专心致志。晚上，回到家里，父母依然把我们关到小屋里，我们电视难得看，音乐不能听，仍旧上紧思想的发条，我们老老实实地完成各科作业。可怜天下父母心呀！"吃得苦中苦，方为人上人"，这谆谆教诲不绝于耳。试问：这样的学习生活，难道不算苦吗？谁解其中味呢？

我们鼓囊囊的书包里，除了课本和作业之外，各种各样的"导学"、"练习"、"解难"、"指津"的书籍资料，几乎是与日俱增，要读、要背、要写、要练，学习上的"大运动量"使得我们简直不堪忍受。苦哉？苦乎！这的的确确都集中在我们这些尚未成年的学生身上。

摆出这些事实。并不是反对父母和师长的良苦用心，也并非排斥刻苦求学的传统美德。而只是想提出一个问题来：苦学是成才的惟一道路吗？不如此就不能培养出高水平的人才吗？我想答案是否定的！学海茫茫无涯，何时才能苦到头呢？一味地强调苦学，物极则必反，超过了限度就会走向事情的反面。据一家青年报载：记者曾在某校调查，学生视力大幅度下降，14 至 16 岁的学生近视者占 23%；学生体质状况不佳，佝偻、驼背者增多。这种恶果的产生与苦学不无关系吧！难道"惟苦学论"不可以休矣？

我们青少年正处在长身体、长知识的时期。我们需要学习科学文化知识，我们也需要阳光雨露的各种营养。随着教育改革的不断深入，许多有智有识的优秀老师已经创造了乐学和巧学的经验，这是减轻学生负担、有益于身心健康的可喜成果。古人也曾说过：

绚丽多彩的校园

"善学者，师逸而功倍。"这正是我们热切希望的。愿改革的大潮冲开"惟苦学论"的桎梏，愿崭新的乐学之风，让我们带着欢笑，带着歌唱，健康成长。

生命里的第一朵玫瑰

肖　童

那一年我刚满18岁。怀着少女纯真的企盼，我踏进了珞珈山这座高等学府，满山的樱花散发沁人心脾的醇香，辉映着我青春的花季。那时我文静而内向，总喜欢一个人走向简·爱曾住过的红屋子，用我的笔饱蘸着青春的骚动，写下一首春天的思绪。

我是个长得不漂亮的女孩。我没有一头飘飘的秀发，也没有颀长的身材。没有漂亮的脸庞，也没有动人的眼眸……总之，作为一个漂亮女孩应有的一切我都没有，我唯一拥有的只是满满一大木箱从小学、中学直到大学所读过的书，从安徒生童话到灰姑娘的水晶鞋、从欧也妮·葛朗台到安娜·卡列尼娜，应有尽有，每当夜深人静时，我便和伊豆舞女共舞，与简·爱同谈事业和爱情……

自从我懂得爱以后便不奢望爱情，从没幻想过心中的白马王子究竟长什么样。但我还是很羡慕那些动人爱情故事里的男女主人公们：罗密欧与朱丽叶的忠贞、幸子与光夫的不幸、梁山伯与祝英台的浪漫，

绚丽多彩的校园

57

这些都成为我对爱情的注释。我也渴望着有人爱我、疼我，但由于我的孤僻和自卑，只能将这满腔的渴盼化作文字，我承认我活得不潇洒。我看似独立不羁，其实内心是失落的。别的同学生活丰富多彩，而我大多在教室、宿舍、校图书馆这三点一线上打游击。

有一天，校刊编辑通知我去一下，接待我的是一位高我两届的中文系学生，他指出了我诗中的一些不足，并从抽屉里拿出一信封，说是写给我的诗。从进门开始到谈话结束，我不知道他说了些什么，也不知道自己回答了他什么，因为我一遇到他那双深邃的目光，便被他吸引住了，不知从哪儿传来的声音告诉我：这不就是"罗切斯特先生"吗？这不就是我的"罗切斯特先生"吗？回到宿舍，急急忙忙拆看那首诗，诗名叫《蓝色的忧郁》，副题是写给一位爱忧郁的女孩。读完诗，我的内心涌起一股狂潮，可一瞬间，这股狂潮便被我的自卑压了下去。

自那以后，无论我走到哪儿，总会看到他的身影。期考前夕的夜晚，我俩在图书馆的阅览厅里温习功课，尽管内心非常的忐忑不安，但彼此还是把目光放在各自的课本上，等人都走得差不多了，他悄悄走到我跟前，坐在我的对面，轻轻地对我说："Happybirthday！"说完双手从桌上推过来一张卡，卡里夹着一朵鲜艳欲滴的红玫瑰。我顿时兴奋极了，因为连我都忘了自己的生日，可他却记得。回宿舍的路上，因为路黑又不好走，他伸出了手，我毫不犹豫地握住，牵挽着他。那种温馨的气氛使我们心里都萌生了一种纯真而美好的愿望。

回到宿舍，我悄悄地将这朵珍贵的玫瑰插进花瓶里，并灌上了水，这可是我生命里的第一朵玫瑰花呀！那一夜我失眠了，闻着桌上玫瑰送来的缕缕幽香，我感到我这个灰姑娘穿上了水晶鞋，兴奋得想跳舞。

事情也许可以水到渠成的。但我们的故事情节还未来得及展开就被他的母亲删改了。他先我毕业了分回了故乡，从此我们就失去了联系。

时光荏苒，现在细想起来，其实那时候我们之间并不存在恋情，那一种朦胧的感觉爬上心头的时候，我们像两棵比领而立的树，只不过在一阵风中，彼此的枝杈相互交错一下，而后就匆匆地分开。我们的相知、相识、相恋是建立在喜欢的基础上的，这就如英文中的 like 不等于 love 一样。但我永远感谢他送给我生命中的第一朵玫瑰，虽然这以后我曾收到许多朵红玫瑰。但是第一朵玫瑰给了我生命的自信，还有生命的期许。

我那可爱的小女生

刘 浩

琳是个很好玩的小女生。还是上一个春天，我大二，在学生会外联部担任副部长。有一天我正在寝室里写稿，突然听到楼下有人叫我的名字。我跑下楼一看，一个扎着两个小辫子的傻丫头。我不禁"咦"了一声："我怎么不认得你？"她瞪我一眼，很认真地说："你以为你是谁啊，大明星？"凶巴巴的，但说话却十分可爱。

后来在她的自我介绍中我才知道：琳是我们系的新生，刚加入学生会外联部，被分配做我的副手。"哎，有这么一个'辣妹'拍档，以后的日子可不好过哟！"我心里暗自叫苦。

毕竟是师兄妹，我俩同进同出，一同采访一同写稿，很有些相依为命的意味。她干事特认真，写稿总要将背景材料、文件、采访记录细细圈点了，然后列出提纲打草稿——我在一边暗暗好笑：真够慢的！

那一阵，省人大、政协开会，我们选定了一大串社会名流，准备逐个夜袭搞个系列专访。谁知跑了一家又一家宾馆、招待所，总是人去楼空。

两个人又冷又饿，特别沮丧。我考虑了一会儿，对琳说："还是分头跑，你在这里，我去另外一个地方。"说完掉头就走。琳急了，大叫着："你走了，我怎么办？"我很吃惊地望着她："你也怕？"

那夜特别黑特别冷，呼呼的北风卷刮着颗颗雪粒。琳在风中扬着一头美丽的长发，时不时地傻笑。我问她，她对我说："我看你总是很能干的！没想到——不过你生气的样子很可爱！"我在她身边，没作声，心里却一遍遍地说："可恶！"

就是这个可恶的小女生，一年后找到我，说为了不后悔，一辈子认定我做她的人，随即又很绅士风范地宣称："不过你永远是自由的！"

望着她一脸认真，我终于没敢笑出来。

琳说我唤醒了她。我莫名其妙。

琳果然一改往日的懵懵懂懂，变得温情脉脉起来，明明比我小，却总要做出一副大姐姐的模样。琳还是很能吊书袋的，古今中外，诗词名句，吟诵起来一发不可收拾。一天我俩坐在一块儿看书，看着看着就学了魔鬼库斯拉的腔调："啊！让这一切毁灭吧！"其实书上压根儿没有这样一句话。

琳待人处事总还是那样一板一眼的认真，但又总在犯着粗心的错误。有一次，她有一个老乡从外地赶来看她，因为事太多又想陪我，害得老乡四处流离，终于在一个清早不辞而别。等琳飞奔到火车站，只剩最后六分钟，人山人海，琳穿过一节节车厢，在餐车找到老乡时，

两人竟然抱头痛哭起来，弄得周围的人都吓了一跳，他俩人是不是有神经病啊？

琳有个很幸福温暖的家，除了父母，还有两个姐姐。

元旦那天夜里，琳耳语般地对我说："我好想家，好想我的妈妈！"她妈妈是在我认识琳那年出车祸去世的，我的泪水马上涌出来了，因为那天正好是妈妈的诞辰纪念日，琳慌了手脚就像实习时那一夜。

校园爱情故事

佚　名

初中的时候，我的后座是个不太引人注目的男孩，健。但是有一点很特别，那就是他和金庸笔下绝顶聪明的老顽童周伯通一样，脑门上有两个旋儿，也许这也就注定了健有一天会与众不同的。进入高中后，关于健的爱情故事接踵而来，听说他喜欢上了他们班最优秀也是最严肃的女生，并且展开了强烈地追求攻势。起初我并不信，想像不出默默无闻的健怎会喜欢那样高不可攀的女生。直到后来看到一身令人瞠目的名牌，头上还抹着发胶的健时，我信了。校园生活有一点无聊，尽管有些不忍昔日的同窗成为这类消息的男主角，我还是有意无意地听到了不少：健给那个女生递电影票了，而那个女生竟当着许多人的面将电影票扔在他的身上，说："你该把时间放在学习上！"于是，健的爱情故事还未真正开始就结束了，有点出乎意料，但也在情理之中。

飞是初中时的另一个男生，有一种蛮讨女孩子喜欢的邪邪的气质。

众所周知，他一直很喜欢琳。琳曾经是与我无话不谈的好友，所以我知道看上去毫不在乎的飞也有极其细心的一面。琳的生日时，他会送一本十分有诗意的散文集，琳生病了，他会偷偷关切地询问琳的情况。虽然琳知道飞的心意，但她并没有接受，因为她私底下对我说过，她喜欢的男生应该是很朴实，很有安全感的那种，不是飞。后来，到了高中，飞的身边多了一个与他同班的女孩，和校园里不少形影不离的身影一样，诉说着似真似假的故事。我们都觉得那个挺女孩子气的女孩和有些叛逆的飞站在一起，挺般配的。不过有时在走廊里遇见飞的时候，他会很有些不自然地低下头，好像个做错事的孩子。

洁是个很漂亮也很有心计的女孩，所以她的身边一直都有男孩陪着，一直都会收到令人心跳的小纸条或是缠绵的情书。现在的洁已是名花有主了，她和别班的一个男生是校园里十分引人注目的一对，但是她却说："我和他之间绝不是爱情，但也不是单纯的友情，究竟是什么，我也说不清，不过最重要的是，我很快乐。"我还没真正领会爱情的含义，不知我所说的是否能算是爱情故事。不过我觉得，它们也有其不同一般的味道，好似青涩的果子，有一点酸，有一点甜。青春如我们，谁没有属于自己的耐人寻味的故事？也许随着岁月的流逝，当我们拥有更精彩，更美丽的将来时，便会对这些最初的年少懵懂时的故事报以会心一笑，然后将它们永远小心地珍藏在心灵最深处了。

那年正是高三时

王　成

忘不了高三那年所过的年。高三那年的寒假只有 10 天——从年日廿八放到正月初八，算是读书生涯中最短的一次假期了。翻翻日历离黑色七月还有 5 个月；数数手指头再过 150 多天便是高考！不是别的，是高考！十二年不分昼夜寒窗苦读是为了它；把我们折磨得骨瘦如柴，架不住那副高度近视镜，外加神经衰弱的也是它。因为它，我们便不敢有任何怨言。

于是那一年，我百年不遇觉得自己没有过年（除了除夕夜吃了一顿年夜饭外）。多想回乡下探望慈爱的三婆和唠叨的姑妈，吃她们炸的酥香可口的煎堆和角仔呀！可我只能呆在家中背那本永远背不完的英语词典，做那堆永远解不完的数学练习题，永远觉得还有好多知识点自己还未掌握。

年轻人总是爱赶时髦的，但那年我们不能。逛街是一个梦，留待 7 月 9 日后才可实现的梦。看电视可以。看新闻吧，那对考政治会有帮

助的，想看影碟或者连续剧，想都别去想！小说、漫画、手工编织自然也是同一命运。教室——食堂——宿舍，三点一线是永恒的公式。只有到了周末，妈妈大老远坐公共汽车送汤和水果给我时，我才稍稍感到这个世界原来还有一丝温暖。

听说有的同学，那个寒假只在家中度过了春节那三天便回学校温习了。这更加给本来就已经神经兮兮的我们又增加了沉重的压力。我们只能是身在曹营心在汉，把学习的营地暂时扎在家中，闭门读书谢绝探访，整个一出世的隐士，不问世事。结果那年春节亲戚们没看见我拜年先是很奇怪，等爸妈一解释我即将高考，便马上表示出一副"可以理解"的表情来。看来这个高考效应对于中国来说，是具有全民性的。

怪不得那些什么"脑轻松"、"生命一号"一打高考牌，便销量激增。不过那个时候我也消灭掉不少"白兰氏鸡精"，为响应国家"扩大内需"的号召也出了一份绵力。

躲在房间里啃书，远处偶尔会传来隐隐约约的鞭炮声，窗外漆黑的夜空中，不时有绚烂的烟花划过。此时的心情别提有多烦躁了。其实在这个时候根本收不到任何学习效果，但只要一想到全省十几万考生中哪个在此时多背了一个单词，高考便会比我高一分时，又不得不强压心底的躁动不安，心猿意马地死守在书桌前面。

每当老爸老妈看到我这样子，总是又怜又爱又心痛，于是更会天天汤水、补品不断地犒劳我。为了不影响我学习，那么精彩的各台春节晚会节目，他们都把声音调到最低，凑到电视机跟前去听；经过我房门前，也是蹑手蹑脚生怕惊动了我。此情此景令我心中生出无限疚意，唯有下定决心考出个名堂来不可，定要让二老终能在亲友面前扬眉吐气！

十天的寒假一眨眼就没了。还没来得及吃上元宵节的汤圆，我的学习营地又转移回学校中去了。看着整个城市沉浸在浓厚的节日气氛中，我感到木然，因为春节与我无关。北风把树上的叶子吹落到地上又再卷回半空中，树上已经秃了大半，没剩几点绿色了。但这正预示着春天马上就要到来了，夏天也不远了。

果然，那年夏天是火辣辣的，我考上了大学，结束了高三的痛苦生活。

一双运动鞋

佚 名

星期五上午，实验中学操场内彩旗飘扬，欢声震天，来自四面八方的家长和学生聚集在这里，等待着家长运动会的开幕。

这是实验中学举办的首届家长运动会，也是全县首次举办家长运动会，吸引了县内外电视台、广播电台、报社等媒体的关注，各路记者纷至沓来，做好了随时采访的准备。

赞助单位县红星鞋厂的张厂长带着一箱运动鞋早早赶到运动场。按照规定，每个项目的冠军得主每人将获得出口转内销的"红星牌"高级运动鞋一双。

那些来自小城不同行业的学生家长个个兴奋不已。他们早早换上特意买的运动服，个个跃跃欲试，就等在运动场上奋力一搏，好让自己的孩子和同学们看看，"某某某的家长就是厉害"。

时间到了，实中王校长大声宣布：实验中学首届家长运动会现在开幕！"叭""叭""叭"随着三声发令枪响，比赛正式开始。

"第二项标枪比赛"。

"请参加5000米比赛的运动员马上到点录处点名"

"紧急通知：请参加5000米比赛的张强同学的家长赶快到检录处点名，比赛马上就要开始了"。

参加5000米比赛的女运动员们身穿簇新的运动服，不时做着各种准备动作，焦急地等待着庄严神圣时刻的到来。

时间一分一秒地过去了。发令枪已经高高举起，发令员的食指开始弯曲。

突然，一个襄着灰头巾、身穿蓝褂子的中年妇女推着一辆破自行车，急匆匆闯进会场来。

"我是张强的母亲，对不起，我来晚了"。

"总算来了，赶快准备，换上运动服"。

"运动服？噢，对不起，我……我没运动服，就这样跑行不?"

"那就破一次例……好吧！"

家长的目光齐刷刷投向眼前这位戴着灰头巾，裤子上沾满泥巴的家长。

"她就是张强的母亲？那个从乡下考来的学生？那个每次考试都是第一名的学生?"

"听孩子说张强从小没了父亲。"

"她也来参加比赛？"那些早已等急了的家长你望着我，我看着你，互相传递着疑惑的目光。

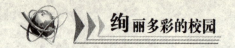

比赛开始了。家长们个个使出身处浑身解数，奋力向前冲去。

围观的学生起劲地鼓掌。

一圈、两圈……几圈不到，张强的母亲就跑到了最前面。

当家长运动员一个个累得气喘吁吁，再也迈不动步子，还差四五圈的时候，张强的母亲已经到了终点。

"现在播报运动会最新消息：在刚刚举行的女子5000米长跑比赛中，获得第一名的是初三·四班张强的妈妈。

运动场上顿时鸦雀无声，几秒钟之后，突然爆发出一阵热烈的掌声，整整持续了5分钟，创造了实中掌声史上的新纪录。

"下面，请5000米冠军获得者张强的妈妈上主席台领奖，奖品红星运动鞋一双。"

广播里响起了欢快的运动员进行曲。

张强的妈妈摘下头巾，一边吹着上面那层厚厚的尘土，一边走上主席台，高兴地接过那双崭新的运动鞋，轻轻地摩挲着，像抚摸着孩子的头。眼睛里写满了幸福和激动。

"想不到，一个农村妇女能获得第一名，不简单，不简单！"

"我要好好挖掘一下，是什么原因能使她取得这样好的成绩。"……

记者们赞叹着，蜂拥而上，纷纷将镜头对准了这位农村大嫂。

"请问，您以前参加过运动会吗？"

"运动会？没有，从来没有。"

"能谈谈您获得第一名的秘诀吗？"

"秘诀？啥秘诀？"

"那您的长跑耐力和速度是怎么练出来的？"

"俺也没什么锻炼。俺每天清晨从乡下来城里卖山货，天黑返回。来来回回都十几年了。俺家离这里50多里地呢。"

"是什么动力让您有勇气来参加这次运动会？"

"说实话不怕您笑话。俺本来不想来，可听孩子说，获得冠军奖一双运动鞋。您不知道，俺孩子从小到大，还没穿过运动鞋。俺知道他喜欢，做梦都想要，可他从没跟俺提过。这不，俺就这么着来了。"

"记者同志，我要快回去，把这双鞋给我儿子，他穿上了不知道得有多高兴。噢，忘了告诉您，我儿子的脚崴着了，今天请假在家没来。"

"记者同志，俺走了"说着，张强母亲骑上自行车朝操场下的那条大路驰去。

"丁零零"……

"丁零零"……

那辆破旧的自行车不时丢下一串串欢快的铃声……

大学最后的课程

胡 钰

刘铁夫是清华大学经营学院国际金融与财务专业九九届的学生，自打从山东农村跨入首都北京这一著名的学府那天起，他就下定决心，要活出个样子给家乡父老看看，要让父母享自己的福。

在清华，五年的生活，他不像他的许多同学那样徜徉于商场、情场、娱乐场，他扎扎实实地学习了一门又一门课程，认认真真地阅读着一本又一本书。他相信：天道酬勤。

快毕业了，和同学们一样，他开始找工作。这时他发现要人单位并不是仅问他学了几门课，读了几本书，还要问他会什么擅长什么、业余时间喜欢做什么？他有些后悔过去的五年时间单调的生活了，要是也在哪家公司兼过职或组织过哪次大型活动或有哪项体育文艺项目特别精通，那自己跟要人单位谈话时会多不少的话题。可现在，每次见到要人单位的人时，都是两句话："我在参加分配的同学中成绩是最好的，我愿意在贵单位一直工作下去。"

有些同学笑话他，说他这样回答显得过傻；有些同学开导他，劝他回答时幽默些生动些，要学会自我推销，对这些刘铁夫都报以微微一笑。他相信："天生我材必有用。"

果然吉人自有天相。在中国远洋运输总公司的招聘中，他过关斩将当最后一轮面试的通知下来时，与他一同前往的同学已从起初的十几名变成一名。这时大家开始对刘铁夫刮目相看。要知道，1996年的全国毕业人数是最多的一年，也是历年来分配形势最紧张的一年，对同学们来说，中远这种国家级的大公司绝对是上上之选。有人开始暗叹自己为什么过去几年没有好好学习，也有人开始悄悄改变策略，在面试时故意显得口吃木讷。

正当刘铁夫在同学们的羡慕中满意地去参加中远的最后一轮面试时，系里人事科又转来一份深圳来信，原来招商银行总行准备录用他。大家这次更傻眼了，这个银行一个月前来校进行面试笔试。当时几乎全班除了读研究生的同学都去了，还有本专业的研究生，可怎么单单选中了刘铁夫？银行，这种大的国家商业银行，是学国际金融的学生梦寐以求的地方，高收入的白领阶层更为众多人心向往之，可命运之神竟如此垂青这个从山东农村走出来的老实的农家后生。

刘铁夫将两者进行了短暂的比较后，很快选定了去招商银行，并且马上买了飞机票赶到深圳，去要人单位学习了一个月。

从深圳回来，刘铁夫和同学们都进入做毕业论文的最后两个

绚丽多彩的校园

月，这时已不再有课了，每个同学都悠闲地享受着这大学的最后时光。

这时的刘铁夫却没有这么轻松，他在想一个问题：自己还缺什么？在过去几个月的几十个单位的招聘过程中，他越来越清醒地意识到自己还缺点东西，一种属于能力的东西。从招商银行实习回来，他更坚信了这一点，仅有书本知识是绝对不够的。他经过仔细打听和比较，选定了他的大学里的最后一门课程——机动车驾驶。

三千元报名费给他带来的并非是锦衣玉食、游乐休闲。同学们发现刘铁夫每天早上六点起，晚上十点回，人变得越来越瘦，越来越黑。有些同学觉得他是自己找罪受，最后两个月还不好好放松一下，他却憨厚地笑："多学点总没坏处。"

时间在飞快地逝去，7月12日，每一名同学拿到了各自的毕业证，学士学位证，刘铁夫还多拿了一个证——机动车驾驶员证。

临走前全班同学聚餐，一个男生举着酒杯对刘铁夫说："你小子真行，最后两个月上了门课就拿了个本，这大学里最后一门课上得值，来，干一杯！"平日里宽和的刘铁夫此时却严肃起来，他认真地说："你知道吗？学车不是我的最后一门课，更不是对我最有用的课。

我的最后一门课从我走进第一个要人单位应聘就开始了，这门课我得一直学下去，直到我学会为止。"

这个男生举起的酒杯在空中停住了，不少听到他们对话的同学也停住了，他们突然觉得，刘铁夫正在给他们上着最后一课。

我上高二那一年

项俊峰

那时的生活好愉快，我的心就像秋日的晴空，寥廓、无忧无虑。后来从书上找到了一句话"秋空一碧无今古"，便对写这话的人特佩服、特崇拜。

但毕竟有一些不顺心的地方。数学趣那令人头痛的 X、Y，我总也弄不明白，自然而然地"迁怒"于数学教师，日渐地讨厌他了。

高二的上半年便浑浑噩噩地过去了。

下学期开学，换了数学教师。瘦高个，不管天热天冷，总是一身黑西服，也不打领带。谁想到讨厌数学的我，第一节课便对他产生了兴趣。他从直线上一点讲起，一直说到幻想中四维空间的隔着瓜皮吃西瓜。我第一次发现数学里还有这么多有趣的东西，便注意起他来。

他走路时从不向四面张望，即所谓的"目不斜视"。起步前总要先微微抬起脚前掌，停顿上半拍，然后再起步，他的口头禅是"很显然"。

绚丽多彩的校园

75

我很羡慕他在数学上能有那么多的"很显然"，便转而崇拜起他来了。

每当他在课堂上露出这件"法宝"，我们便哄堂大笑。但他从来不笑，或者说从来不曾真正笑过。他的数学功底极好，课也讲得极生动。

这是一个怪人。我在心里给他初步下了这样一个结论。

有一次我们从他门前走过，远远地发现他一个人默默盯看着外面的树枝发呆。手里影影绰绰拿着一个塑皮本子，眼尖的说像是本影集。

顺着他的目光看去，孤零零的一只麻雀在枯枝上立着，这有什么好看的，难道人有特异功能，能看透麻雀的五脏六腑？他很少与人交往，一闲下来便坐着发呆。

那时我刚看完于渺的《十四岁的独白》，想起书里面的那位不苟言笑的教师，心里便暗自嘀咕：他是否也是一座"神秘的火星石雕"？他的情感世界里是一片荒漠吗？他有过爱吗？

他是那样神秘，他的情感外面好像裹着一层寒冰。

但他的消息还是点点滴滴地传播开了。我隐隐约约地知道：他大学本科毕业，高中时与班里的一个女生相恋。高考后她落榜了，为帮助贫困的她重新复习，他省吃俭用，毕业后又用自己的工资供她。她终于考上北方一所名牌大学，他们的感情更深了。他期待着她的毕业，幻想着他们的未来。然而他的希望破灭了，她不喜欢教师这个职业，也不愿到小城里来工作。他原谅了她，却无法再原谅自己。

我听了之后，不由得暗暗地诅咒起那个负心的女人来，心里很不平。

天真的我，便打算劝他一下，但要打破他情感外面那层坚冰，我也没有什么好办法。于是有一天，便弄了一张贺卡，也不管什么时节，施展被语文教师所称道的作文"造诣"，稚气十足地仿照着《叔向贺贫》洋洋洒洒地写了一通，寄了出去，署名曰："崇拜你的人"。几天来，我便注意着他有什么动静。

果然到了信发出的第三天，他显得很激动。走进教室以后，第一次真正笑了，但并没有说什么。我发现他的笑很迷人，这节课自然也特生动。

他变了，他再不一个人闲坐呆望了，他的球打得很好，他的舞跳得极棒，但上课时仍不时弹出几个"很显然"。我们大笑了，他也笑。

走出高中的大门已一年了，猛地想起这件事，我的心便抑制不住地激动。当初我一张稚气十足的贺卡，竟然改变了一个人的生活，真是不可思议；但现在静下来想想，又似乎有点明白了。

有首歌唱道："没有爱，人类就不存在。"要说我明白了一点，那大概就是这吧。

别了，校园爱情

上官雪莲

大学四年，转瞬即逝。尚未品全校园生活的五味，一觉醒来已到曲终人散的时候了。

从进校时的对面相逢不相识，笑问君从何处来？到今日的掩面相拥泪满眼，苦留君往他处去。

四年的时间在一个人的生命长河中不算太长，可在我们相逢、相识、相爱，相恋的日子里显得是何其短暂。

毕业酒会，满屋的灯光、满桌的菜肴、满眼的人，怎么看都是满目凄凉。把盏对饮的席间，有人问："大学四年，你留在校园最感遗憾的是什么？"大家都说了，答案因人而异。轮到我，所有的目光都落在我身上。我知道四年天马行空，独来独往的生活把我和别人隔得太远，现在他们抓住最后的时机以这个问题为梯子，希望能进入我内心的某个楼层，我不能让他们失望。

我喝了一口啤酒，然后望了望一双双熟悉的眼睛："很简单，就是未能好好经历一次校园爱情。"半晌之后，继而又说："校园爱情是我迄今为止所认为比较干净纯粹的一种爱情，它的盲目性在理智面前显得有些毛茸茸的可爱。可惜我不再有机会。"举座默然，也许我说出部分同学的心声。

有一些蚊虫在灯光下飞来飞去，空气中流淌着夏季黏稠而伤感的气息。大家默默地看着面前清澈的啤酒，想从那上浮的气泡中找出些过去的影子，抑或是未来的提示。有人不堪沉寂，起身开了所有的窗。有风拂面，却无法告诉我们命运的方向。

这是一个值得我们终生记忆的晚上，从这个晚上起我们将被校园放逐了。回想起校园的那些日子，我是多么喜欢穿一种饰有向日葵的黑 T 恤，用思想量着图书馆与宿舍间的距离。而室友纷纷中箭落马，变成一朵朵顺眼的莲，柔柔地开放在男友身边。她们晒完月亮回来的滋润的脸，衬出了终日跋涉在文字间的我的枯萎，每次看着她们丰盈的肌肤闪着金属般的光泽，总是下意识地摸摸自己颧骨凸出的脸和枯黄的头发。

校园的夜晚，一年四季总有树叶的清香，而她们闻到的总是花的浓郁的香。在恋爱的季节，是乱花渐欲迷人眼的。周末的校园，像一艘装饰华丽的海盗船，浮在音乐啤酒的海洋上，充满着蛊惑。没有上船的人实在很少，而我是其中的一个。我坐在自己的"理式"小床上，翻着博尔赫斯的《沙之书》。我知道不远的剧院，银幕的上下都在上演着绝顶美丽的爱情故事：有人在那扇暗黄的木格窗前与情人吻别；有

人用混沌黯淡的眼睛凝视着鸡心项链里初恋情人的照片；有人在冰山云集的海洋里把一见钟情的情人推上唯一一块救命的木板；有人在旅馆大厅里，这个被杜拉斯称为最能产生爱情的地方，焦急地看着夜光表赴一个 10 年前的约会。而银幕下的露天电影院里，会有女孩楚楚动人地哭泣。她细柔的头发在男友怀里弄乱了，于是丝丝落发，被双双纤细的小手精心地缠绵在男友粗大的纽扣上，以为这样他们就不再分离。可数年之后，我再目睹的，可能是台上台下两幕戏同时结束，但谁又能说，当年的情与景不是真的？而我因为喜欢繁花似锦、锣鼓喧天的开场，害怕繁花落尽，人影散乱的终场，所以一直避免着某种开始。我是那个以文字作为避难所的最怯懦女孩，虽然我曾经只身闯关东。在心底深处，我是多么害怕伤害，被人伤害或伤害别人。我能做的，便是一卷好书、一杯苦茗、一盏孤灯，守着许多个寂寞的夜晚，宛如岸上望归的慈母，等着室友从爱情的海洋游向我，传达着海里的信息。偶尔她们游累了，便爬上我书香四溢的小床栖息，细细碎碎展现着爱情路上的层峦叠嶂，空谷幽涧。她们巴巴地看着我，希望参阅了书中许多爱情模式旁观的我指点迷津。我从来都是笑而不语，因为我知道她们，她们永远懂得自我保护，在爱情与现实之间游刃有余。我只是深深祝福着，祝天下的有情人皆成眷属。

那些校园情人都从我眼前消失了，在那个大雨滂沱的清晨之后。

他们比翼双飞或劳燕分飞的姿势永远留在我的脑海里。忘不了宿舍里最先走的王艳，站在门口为男友整理衣领的情景。她的动作轻柔得让人心碎。都说短暂的分别是为了长久的相聚，谁知道时光会把爱情和两颗等待的心磨损成什么样子。坐在自己只剩一张空壳的床上，看着两个即将分手的相爱的人，我的心一阵阵地疼。那几天校园里有点兵荒马乱的，一切被解构了不知在哪儿重新组合。许多情人手牵手在夜晚的湖边游荡着，祈祷着爱情之夜永远停驻；黑漆漆的树林里有人小声哭泣，有人背着行囊站在路旁的梧桐树下，向某个窗口大声说道"再见，再见！"

校园渐渐模糊成身后一座遥远的城，校园爱情像城墙上最后一面旗帜，鲜艳了许久后终于禁不住风雨的剥蚀而黯淡下去了。昔日踌躇满志的旗手们在城下默哀片刻后，终于头也不回地走了。前面或许有一场更动人的爱情等着他（她），但远不及这一次的纯粹。当时间把那些昔日爱情的战场打扫得片甲不留时，又有一批新旗手穿着干净的鞋来了。他们在城下观望许久后，忍不住亮起一面更为耀目的旗帜。校园爱情生生不息。

别了，校园爱情！世上的爱情有千百种，我独爱你这一枝红，虽然我没能经历，虽然花开多落红，但我始终认为你是爱情音乐里最动听的一种。

校园里的爱情鬼脸

佚　名

　　我无法遏制住自己内心里对她所有的强烈的想法。她的影子几天来一直在我眼前晃来晃去，挥之不去。她的名字我轻而易举地就知道了，她每天晚上在哪间自习教室里学习我也侦察得一清二楚。

　　那是大三的事了。那一段时间里天气暖暖的，空气中有着紫丁香的味道。几天前学校举行了一场校园歌手演唱会，来自英语系的长头发的她唱了一首民歌，在打动了评委的同时，也彻彻底底地让我陷得无法自拔。

　　在一个月色很好的晚上，我找到了在自习室做功课的她。我直截了当地问她星期五的晚上是否有空。她惊讶了一下，说："星期五晚上学校礼堂里不是有个院士的讲座吗？"那神情很严肃。我说那周六呢？她说："周六我的一个在南方上大学的同学要来京。"听了这个回答，我马上失去了想接着提星期日的勇气，当时只剩下一个愿望，那就是从三楼自习室的水泥地面上找个缝钻进去。遗憾的是这种能挽救我的自尊的玩意儿压根就没有，我只能红着脸，逃也似的出了教室，把我的第一次单恋扔在了身后。

过了几天的三八节晚会有一个舞会做压轴，学生会别出心裁地规定舞会是假面舞会，并且只能女生戴面具，男生不戴。更有意思的是，组织者让所有参加舞会的男生都端坐一旁，只有接到戴面具的女生的邀请后方可起立与之一舞。一向自认为还算舞林高手的我那天也参加了舞会，只不过最主要的是想排解一下那一时期心中的郁闷。邀请我跳舞的女生还真挺多，我一会儿起来，一会儿坐下，忙了个不亦乐乎。女生们戴着面具本来就难以猜其真面目，再加上为了体现出真正的假面舞会的魅力，她们在穿着上也下了一番工夫，所以即使是很熟悉的人，也很难看出点端倪，叫得出她们的名字。

当乐队奏起了第五支曲子时，一个戴鬼脸的女生向我缓缓走来，并伸出了双手。在我的手掌承住了她的手迈出第一步时，一种奇怪的感觉向我袭来。我感觉到那一刻我的手在不争气地抖，这滋味奇怪极了。我一下子就认定了，这个向我发出邀请的女生肯定与我这几天的失魂落魄有关。虽然戴着面具，但我知道那个一直坐在那儿等到第五个曲子响起时才向我发出邀请的她就该是会唱民歌的长发女孩，全凭感觉。

"这很不公平，你能看见我的表情。我有一点痛苦，又有一点失落。而我却看不到你此时的脸，也猜不到你在想什么。那么好，就让你看到我说这四个字时的认真吧。微笑还是嘲笑都无所谓，反正我看

不到你面具后面的脸。"我对着陪我起舞的面具说。面具一声不吭，在"人鬼情未了"的乐曲声中若无其事。我很佩服自己在那一会儿说出那么多的话。一曲终了的时候，我只说了四个字：我喜欢你。感觉得出，她的手也有一些抖，在我的手离开的时候。

几天后的一个下午，我和几个室友上街，恰巧也碰见她们宿舍的几个女生，其中也有她。我假装很随意地和她打了声招呼，就在我们要擦身而过的一刹那，她突然用自然得不能再自然的语气跟我说："你有一封信不知怎么回事给发到我们女生宿舍楼了，现在在我那儿，有空你就去拿吧。"

由于男生不可以进出女生宿舍楼，所以我就呆在楼下，目送着一封信从女宿舍的窗户里缓缓地飘出，伴着一句"好好看"。

飘下来的那封信发信地址不详，倒是还贴着邮票，可仔细一看就知道是伪造的。因为邮戳根本不全，只有邮票上面有那半拉邮戳，而信封上面的那半个邮戳却没有。

那个晚上我第一次晚自习上到很晚，熄灯铃响过以后我又找了一间昼夜不停电的大阶梯教室。信我一直没舍得拆开看，虽然我一直都在猜测信的内容。我想，信无怪乎有好坏两种结果，还是让坏消息和好消息都晚点来吧。就这样一直挨到了下半夜的三点，当睡意渐渐袭来时，我决定亲自揭晓我第一次恋爱的命运。

信是这样写的：虽然我对你还不了解，但据说你这人不错，我会试着了解你的。顺便说一下，那个周六的下午我的确有一个同学从南方过来。另外，这个周日你有空吗？

　　我至今还清楚地记得，那个美好的凌晨我是多么激动。在我最美好的大学时光里，我等来了最美好的爱情。狂喜之后是饥饿。我义无反顾地徒步走了二十多里地，找到了当时还为数不多的一家二十四小时营业的快餐店。在睡眼惺忪的服务员们惊愕不已的注视下，作为那一时段店里唯一的一名顾客，我一口气吞掉了三大碗牛肉面。每碗五块，每碗半斤。

风景这边独好

晨 风

九月，又是一个忙碌的季节，看着身边增添了一张张陌生而洋溢着青春的笑脸，我蓦然感受到我就在这校园的小路上走过了四年。

小心地探回昨日，四年前的那个九月，天气已经微凉，从南方到北方的我，对这个学校充满好奇。旅途劳顿后，当我站在这陌生的校园，打量着陌生的一切，心中充满迷茫和困惑。

而今，弹指一挥间的四年就要过去了，回首过去，一曲曲欢歌或悲歌回荡于心中，而岁月教会我更多地去聆听和感激。

难忘那一次考完试的我，独自走在清寂的校园中。因成绩的不理想，我失意满怀，一向踌躇满志的我经不得这小小打击。在微微的晚风中，我靠在一棵苍劲的松树上，望着西坠的落阳，余晖点点，装饰着这个寂寞的校园，陪伴着这个落寞的我。现在想起，当时的我年轻得太脆弱，但就在这个傍晚，我发现自己是如此深爱这个校园。而它也是如此怜爱地拥护着我，我感到只要能拥有这个校园，我便有一种再次上路的勇气。

　　难忘那次校园舞会结束后，告别同伴的我走在回宿舍的路上，从喧嚣到寂静，我感到路上弥漫着各种馨香，我贪婪地呼吸了一口清凉的夜气，沁人心脾。禁不住仰望朗朗星空，心中一阵畅然。教学楼上的灯执著地亮着，似乎对每个路人提醒着什么，而路灯那幽幽的光亮则显得多了几分神秘，每一个路灯下面都有一些我们知道或不知道的故事。宿舍楼的月光灯更显得雅致，一盏盏灯把一栋楼分成一个个光亮的小阁子，每个宿舍楼就像一个光亮的棋盘，里面跳跃的棋子便是我们，不同的是"棋子"每走一步都由"棋子"自己运筹帷幄，不会，也不可能是别人，因为这里有着年轻的血液在沸腾。

　　我真想，真想拥身边的一切入怀。喜欢独坐寝室窗前，听音乐，读小说，偶尔透过玻璃望着楼前三三两两年轻的身影闪过；喜欢凭栏远望，校园的栅栏外那个车水马龙的世界，校园这边风景独好：喜欢无所目的的坐在运动场的看台上，领略那种"我运动，我存在"的力量与豪气。我喜欢将这一切点点滴滴的瞬间感悟牢记心头，慢慢酝酿成酒，再点点滴滴的品味。

　　不认识，你都能感受到他们身上散发的那股青春的活力，将你强烈感染。虽然在校园的舞台上，我们最终只能是匆匆过客，可我们毕竟相聚过，曾用友爱温暖彼此的心灵，也曾用掌声相互鼓励，无论当初谁是演员，谁是观众都不再重要，只要我们曾经同行，经过岁月的过滤，沉淀下来的都是你我的好，虽不精彩，却十分真诚。

绚丽多彩的校园

　　我悲也好，喜也罢，结局都已写好。启程的日子不会因我的欢欣或泪水而推迟，终有一天，是我们分别的日子。校园里的那颗松树仍然会苍劲挺立。校园里的花仍然会开会落。校园里的灯也会生生不息地亮下去；校园里的人总是走了一拨又来一拨，日子就这样交替，生活就这样继续，不管你乐意还是反对，人生原来是一出悲喜难分的演出，而当灯光照过来的时候，我们就必须唱出那最艰难的一曲，请我们都用心聆听，然后再热烈为我们大家喝彩。

　　"风景这边独好！"我轻轻地吟咏着。

走过大学的第一年

汪少会

1996 年夏末秋初，我拿到了大学录取通知书。

我从扬子江北岸一个远离城市的小村落出发，由母亲、弟弟和堂兄送我到镇上，我独自坐车赶往百里外的县城，再换车直上省城。道路愈来愈阔，汽车越跑越快。许多新鲜的不熟识的事物从视线中一个个滑过，我带着满腹的新奇跨进了工大校园。

办好一切报到手续后，拿到房间的钥匙，熟悉了所有的室友，然后在辅导员的带领下，我们参观了系里的实验室，接着就是永生难忘的军训生活。大热的天，严裹着绿军装，站军姿，走正步，练匍匐前进。即使天公不作美，下起细雨，还得躺在地上托枪瞄靶。没几天，下巴骨渐见凸出，两脸颊却愈发凹陷。晚上扒下军装，光着膀子咬着笔头一个劲地向信纸上倾注自己的心声，说初入大学校门的兴奋，也说军训生活的艰苦与新奇。是的，军训带给我们的不只是体格上的磨炼，更有心灵上的崇高洗礼。她让我们第一次走近了"当兵的

绚丽多彩的校园

人"……

以前只是从荧屏上才能见到的英姿勃发的军人，她让我们真正走进了军事与国防，聆听武装部教师绘声绘色的报告和连排长的谆谆教导，我们这些天之骄子受益匪浅，保家卫国被铸就成我们永久的信念。为期一个月的军训已深深嵌进记忆中，就让眷念永远留在这片绿色的土地上。

军训结束了，送走连排长，我们也就正式坐进了课堂，开始了真正的学习生活。外面的天空大得很，山的那边还是山。上了大学，我才知道山外有山，天外有天。这所著名的高等学府里，汇聚的都是中学时代的尖子生。尖子碰尖子，给人的压力是巨大的。以前在那所镇办普通中学里，我一直独挫群芳，是全年级冒尖户，现在我从众人仰望的顶峰一下跌入了低谷，我得承认我只是莘莘学子中平平凡凡的一员。一等奖学金我可望而不可及，特等奖学金我更是不敢奢望。较之于来自城市的同学，我是实实在在的土包子。上大学前，我的视线调离了书本，就得投向黝黝的望不到边际的土地。镰刀挥舞着稻谷，锄头磕碰着土块，犁铧翻耕着田地，肩头挑着的是没日没夜的疲惫。上趟县城，不是考试就是竞赛。我是泥塑的，浑身上下土里土气：火车没见过，钢琴没见过，没摸过电脑，没乘过电梯，不懂足球，不会象棋。常常听室友们天南海北地神侃，我就跟听天书一样。我什么都不懂，除了勉勉强强的书本知识。不过，我是不甘落后的，从小学至中学至大学，一直都是这样，在新的环境中我不断改造着自己，全新地武装着自己。半年下来，室友夸我的普通话已说得不错，竟然也能唱"发奋图强做好汉"。

是的，我总想高歌"男儿当自强"，它是我从校广播里学会的。

学习生活中最紧张的莫过于考试前两个星期，占位子，上自习，周末晚上都不放过。天道酬勤，所幸期末大考一路绿灯。

学期考试是在举国上下欢庆香港回归的日子里结束的，我们没能回家，而是顶着炎炎的烈日走进工厂，开始了我们的金工实习。我们分组工作，自个动手。我用曾握过镰刀锄头的双手拿起了毛坯刀具，劳动的方式变了，不变的是劳动的真谛：劳动创造一切。这是工人师傅手把手地教给我们的最深切的体验。

时光转移，弹指大学的第一年悠悠而去。有幸在这一年，结识了来自泱泱中国五湖四海的朋友，他们大多豁达、开朗、大方。在他们的影响下，我逐渐走出了自我纺织的樊笼，溶入了集体的熔炉，也不再拘束地同女生交往。

感谢他们给我的支持与友谊。一个寝室8个人，由于语言、性格、习俗的差异彼此间的摩擦是难免的，但我们的友谊却是第一位的。有缘4年相聚在一起，彼此珍惜这份缘，用真诚酿造温馨的氛围，我们就不会酿成有缘无分的遗憾。

我深深祝愿我所有的朋友，往后的日子每一天温馨、快乐。

绚丽多彩的校园

91

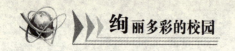

白杨树的眼睛

李 旭

　　我上中学时候，每星期只回家一次。每次都顺着长长的大堰上的小路骑车而行。车后绑着奶奶给我烙的煎饼。经常下雨，高高的大堰，像地垄起的绵延的岗，抬头在田野、河流之上。堰上栽满杨树，树像河流那样一大把年岁。一条小路正好在两行树中间，刚好骑得下车子。我说的路的两旁护栏是挺拔的白杨树。他们一路护行。

　　一路长满眼睛，看着我前行。高高的白杨林长满眼睛。啊，像上天画"树"点睛。这一排排一棵棵密密的林子，仿佛不是木而是一种浩荡的生灵，翘首起望着什么，充满期待和希冀。它们在望着什么呢，对着远方，还是树底下穿行的我们？一种众目睽睽，同一样的眼神。这些眸子从底下到上面，一年年在生长。超过所有目光的高度，直插云霄而去……

　　时常一路泥泞，我推着破烂的车子，累了，就倚着树喘息。而头顶正好是树的神奇的眼睛。使我颤动，是不是离地三尺有神灵呢？我的一个个同学，都离开了大堰林中满是目光的小路而辍学了。

其中包括那个我暗恋的女生，兄妹一般的女同学们。只有我一年年打此走向寒窗的路，她们都嫁了人了吧。而有些男生则永远地离开白杨树所能望见的地方，不在人世了。

端郎，他在初三时过度紧张学习而精神分裂。疯疯癫癫在集镇上走失了。多少年过去了，直到现在再也没有见到他！他的妈妈，也精神失常，整日嘟嘟哝哝，常而大声尖叫，拖长声调："端……儿……端……儿"每见到同学便问："你见了我家的端儿了吗？你怎么没见呢？"我常常与她相遇在白杨树高高的小路上。树啊，你比我们看到更多的，路程、更高更远的事情，告诉端妈妈吧。

有河流的地方就有大堰，就有高高的白杨树的眼睛。有田地的地方就有河流，天然的、人工的，一锹一锹地挖掘出来。

树的眼睛在生长，向着天长去。而地下的河流，是川流不息的眼睛。把整个树林都映在心里，还有那树的群眸。目光在大地上涌动，起了波澜。树的眼睛向上像云端的鸟儿，向下沉静如水底的鱼。

事物不仅有了波澜，也会混浊不堪。河流常常流淌着城镇排出的黑水，污秽而腥，稠黏黏的，一片黑暗，映不出树的眼了。淌到庄稼身上，谷物们都暗了，而穷贱。栽树防残年，养儿防老么。白

杨树齐刷刷地倒下，呼啦啦啦，众目仆地，锯成一截截的，也许要做栋梁了吧。

看着一桩桩树墩席地坐在大堰上？它们已没有眼睛，但留下了根。一圈圈的。年轮，像树眼？整个春天家乡在伐树。轰鸣的机器，在坑坑洼洼之后大堰上新栽的杨树又在成长。杨树啊！你能想到生态平衡，环保吗？

回望校园

刘自如

岁月的车轮渐渐辗过大学的日子，日历一页页地翻过，这才意识到还有几个月就得离开工院了。蓦然回首，几年的大学生活匆匆而过，再回望校园时，禁不住热泪盈眶。

轻轻踏上了教学楼的台阶，让大殿中脚步的回声冲击我的耳膜、净化我的灵魂，恍然间知识的甘泉涌进心田。坐在教室的后排，老师的容颜，或严肃或慈祥，仿佛就在眼前，而最后一次聆听老师教诲时的迷恋心情还噎在心头。到那丰贮知识的图书馆坐坐，宽敞温暖明净的阅览室里，挨挨挤挤而坐的一张张求知若渴的面孔。我融入其中，静静感受那一种勤奋进取的浓厚学习气氛。再回到那蕴含着无数故事的座座宿舍楼，怀念那些生活在一起、千百个日夜的朋友们，想念宿舍中七嘴八舌、夜谈不休，面红耳赤、争论不止，感叹生病时室友为我端上一碗热汤时内心的感动。

习惯了每天晚睡早起，晨跑过后来到晨光微曦的小树林，打开课

本沉思默读：习惯了晚上最后一个熄灭教室的灯火，数着寥落的星星孤独地走回宿舍；习惯了在书本的扉页上，写满壮志凌云的话语，以保持自己努力向上的勇气；也习惯了在失败受挫后与朋友开怀畅饮，以麻醉自己受伤的心灵……

这许许多多的点点滴滴，使大学的日子拥有了一种美丽的光泽，使我难以忘怀和割舍。仿佛刚刚从新生的游戏迷茫中走出，刚刚感受到大学时间的短暂、匆忙与紧迫。没有好高骛远的狂想，只是追悔那些原本应该充实而被自己随意挥霍的光阴。有时爱点燃一根香烟独坐一隅，思考着有关人生的深奥问题；有时也抛开浪漫的放大镜，现实地为自己的将来做一番打算，勾画出一张蓝图；有时打量满是灰尘的书架，才发觉还有好多好多的书没有读，发誓要在毕业前多读几本。

离别的日子近了，才知道珍惜眼前的时光与把握身边的机会。

和朋友一起戏诗海游书山；或者逛龙湖登洞山；偶尔到操场转转，重温挥拍扣杀的畅快；或在霓虹灯下展示一下自己。踏着破车往返于东西校园之间飞扬青春；去听一个讲座，唱一次卡拉OK，参加一回演讲朗诵比赛，继续组织一次系内的宣传工作，认真准备每一次的播音节目，为报社再采编一组新闻稿件，再捧回一叠荣誉证书放进箱底。回想自己也摆出一副成熟的模样坐在迎新生的桌前，并颇有心得地向初来的弟妹们传授"治学之道"；也还记得去年那些即将跨出校园的毕业生们难舍难分、相拥而泣的情景。

我知道今后自己不会再风尘仆仆地辞别家园，奔向这丹桂飘香的天地；不会再握住室友温暖的手，去品尝彼此家乡风味的甘甜；不能再看到一群活泼烂漫的新面孔融入校园，向他们说一声："新同学你好！"这一次我终于失去了你，我明白自己那匆匆忙碌的身影，再也不会在校园的绿荫大道闪现，"白衣红领"的形象也将成为过去的传说。自己就要离开这美丽的校园，寂寞成为原野里的一朵野花，难以割舍的情结终究还要忍痛断离。校园里的一草一木，在我的记忆中都将成为一道永久的风景。恋恋不舍这块美丽的地方，哪怕是多呆一会儿，近乎疯狂地拍下几卷照片，想把自己的身影和青春永远定格在校园里的每一个角落，然后夹进记忆的扉页，让它永远散发出岁月的幽香，挥之不去。不管几年中有多少辉煌与成绩，有多少失意与挫折，我毕竟把人生中最美丽一段青春岁月留在了这里。以后无论我走到天涯还是海角，蓦然回首的时候，决不会忘记在工院的这段美好时光。

多年以后，岁月漂洗过的容颜，或许仍有些许的遗憾；时光流逝的记忆，也许仍有未尽的梦想。当芳华飘落、爱已成歌，青春的记忆依然鲜明，回望校园，那片记忆的绿草地永远青春……

绚丽多彩的校园

大胆的妞儿

刘晓利

几乎每晚，我们寝室几个女同学总要天南地北地侃上一通。就是昨儿个，不知怎么的，说起了各自的童年趣事，我也就想起了"大胆的妞儿"。

大胆的妞儿是我。

我的父亲是北方人，我多多少少也遗传了点北方人的豪迈、爽朗，还有胆子大。正因为这点，我小时候特爱玩，也特敢玩。记得从几米高处的篮球看台往下跳是我每天的热身活动，然后就去翻双杠或篮球架子，从双腿搭在架子上逐渐变为单腿，最后成了"倒挂金钩"——真应了"胆子是练出来的"那句老话。

得到"大胆的妞儿"的外号完全是个偶然。我们那儿有个水坝，枯水期水不足 1 米深，于是露出了一根粗水管横跨两堤。一天我和几个小朋友发现了它，于是有人提议，从这上面走到那堤去。

我跃跃欲试并第一个摇摇摆摆"走"了过去，其实说走不如说爬，因为当时我是手脚并用，匍匐前进的。我想当时我的样子一定很滑稽，接着又有两个小朋友学着我的样过来了，而剩下的几个硬是不敢过。我们两个在对面羞他们，他们却叫："野狗来了！"回头一看，果真一条野狗向我们奔来。我吓得头也不回，撒开两腿狂奔。

俗话说"跑得快，摔得重"。我没命跑的时候，被一块石头绊倒，重重摔在地上，疼得站不起来。我生气地抓起那讨厌的石头用力一扔，却把狗给吓跑了。第二天，一个小朋友对我说："我爸爸说你是个'大胆的妞儿'！"从此，这个外号就传了出去。现在回想起来，觉得真好笑——我是最怕狗了。

小时候大胆的事还挺多的，春天放风筝，结果风筝挂在树枝上，我就上了树把它拿了下来；夏天在池塘里捞荷叶；秋天剥许多"吊死鬼"的皮，剥好后放到同学的书包里；过年时，我一手拿小鞭炮，一手拿香，用香点着炮后再往空中一甩——如今一想，有些还真危险，再一想，我现在的胆子好像变小了——"倒挂金钩"是不敢了，更不要说爬水管了，还有那些幼稚的游戏早已不玩了。也许是随着童年的流逝，我的胆子也偷偷地溜走了吧？谁还记得那个"大胆的妞儿"？也许这词早已成了朋友的尘封的记忆了吧！

家乡的"漫天蓝"

陈 醒

"漫天蓝"是一种小草，家乡的房前屋后，沟旁路边，到处都是。

春风一吹，那淡蓝色的花，远远望去，像是飘在绿地上一层淡蓝色的雾。淡淡的清香，如同那淡淡的蓝色。也许这就是"漫天蓝"得名的由来吧！

"漫天蓝"在家乡很寻常，以至于很少有人注意它，最多用它来当猪草。然而有一天，我却和她结下了不解情缘。

小学三年级时，新来一位语文老师，姓张，20来岁，上海人，说是来体验生活的。她能说一口流利的普通话，平时总爱穿一套淡蓝色西装，我们都在背地叫她"漫天蓝"。那时我的成绩很差，被排在最后坐，加上教室是老式牛房改的，又长又黑，我几乎看不清黑板上的字。而"漫天蓝"却很注意我，每堂课必提问我。我越是不会，她越是提问。于是每到语文课，我便索性逃到野地里去玩。

学校后面有一条大沟，没水。那是一个温暖的春日，我又来到这里"避难"。睡在草地上，眯着眼睛乱想。突然，一阵脚步声打乱了我的思绪。淡蓝色的裤子和那盛开正旺的漫天蓝浑然一体，我正想爬起来逃跑，"漫天蓝"先喊住了我："陈醒，想什么呢？""我……我正在看漫天蓝呢！你看，多好看啊！"我指着遍地的漫天蓝撒谎道。她放眼看了一下说："真的很美，这漫天蓝的名字更美"。"是不是看不到它就上不下去课啊？"她又问。我忙顺口答道："是啊，教室里黑黑的，还说什么宽敞明亮呢！"我有点不平，脸上却热热的。老师笑了，替我拿起书包："我们回去上课吧，好好复习，快考试了。"我默默地跟着她回去了。

第二天语文课，我吃惊地看见讲台上放着一盆漫天蓝，挺新鲜，似乎微带着雨露。张老师笑着说："这花叫漫天蓝，我是第一次听到，很美。"班中有人偷笑。她又说："有的同学很爱花，和我一样。如果花能让他每天认真上课学习，我愿意每天插一束漫天蓝。"班里许多人都笑了，我却笑不出来。从那以后，我没缺一堂课。

张老师一个人住在学校的小屋里，小屋很简陋，而养在窗台上的那盆漫天蓝，使得小屋有了些生气。一次，我到她那儿去玩，她问我："将来想当什么？"我天真地回答说："考上大学"。她忙接着问："什么样的大学呢？""只要不当老师，什么都行。"我满不在乎地回答。她却笑了，什么也没说。

后来听说她调回家乡去了。不久，她寄给村里一笔钱，村上用这钱重修了教室，还建了一个花坛，里面栽上了漫天蓝（这是她信中要

求的）。每到花季，淡淡的蓝色，飘动着淡淡的清香。

高二那年春季，突然听到了张老师去世的噩耗。是绝症，倒在了讲台上。我的心沉重极了，一个人坐在河岸看着那满眼的淡蓝，突然想到了那一次的谈话，我觉得有一种使命感向我压迫过来。当一名老师，如同这漫天蓝到处可见。但正是因为这到处可见的"漫天蓝"，才点缀了家乡朴素的春天，点燃了孩子们心中的春天。

两年后，我如愿地进入了师范学校。每年春天，我就想到家乡的"漫天蓝"也该开了吧？于是仿佛自己又回到了家乡，走在乡间的小路上，看着满眼的淡蓝，嗅着微风送来的淡淡清香，觉得自己好像也成了一株淡蓝色的花——"漫天蓝"。

选 书

陈学长

我可以毫不客气地甚至以权威性的口气对你说："比起我的书瘾，其他瘾压根儿就谈不上。"因为我深信，在这一点上我是绝对正确的。然而苦于囊中羞涩，好些年以来，我在买书的队伍中滥竽充数，只能通过选书来读书。

较普通的选书人相比，我只选不买，爱去的书店自然也有点特殊。一般人的购买心理，他们爱到人多的书店里逛，我则只喜欢到人适中的书店里去，因为人多了有失清静，人少了又太惹眼；且这种书店的老板也乐于能有个人捧一捧场。

自己也明白是白看人家的书，翻起来也便格外地小心，只是用手指轻轻地拈；发现有灰尘，哪怕是一点点，也赶忙掏出手帕轻轻地拂去。即便如此，心里还是觉得有愧于书店的老板。"偷书不能算偷，孔乙己说，也就是鲁迅说，何况自己是'选书'？"我常常强迫自己这样想，以使自己释然。

绚丽多彩的校园

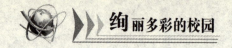

在一个不被老板注意的角落，没了家长和老师的训斥，"选"书是很尽情的。不知不觉中，沿着变化无穷的文字的组合排列，便同作者共同乘一叶扁舟在雨中，共同折一枝柳条在江岸尽情忘归。在朦胧的梦中，大都会被选书人的挤碰或老板下班的喊叫声惊醒。此时，我便会昂首挺胸地踱出书店，嘴里还一个劲地埋怨："怎么还不来新书？"

我的"选"书手段算得上高明了，可久而久之还是露了马脚。

记得一次，我刚大模大样地走进书店，老板就嚷道："看来你是个大户，想把书店的书全'选'了吗？"我猛地一惊，这才发现老板正歪着脑瓜，用一双怪眼盯着我，书店里所有的人也都把目光射向了我。

我难堪极了，犹如安徒生笔下的皇帝一般。突然明白自己真的一丝不挂。我不敢再看任何一个人，急忙逃出了书店。从此，我再没到过这家书店，倒不是砸了门路，而是因为我的自尊心受到了极大的伤害。

如今腰里鼓了，时不时还可以捞点稿费，便买来一沓沓的书，如饥似渴地读。不过，有事没事儿我还是到书店里逛，复习往昔"选"书的滋味。毕竟，我买不完我所要看的书，而且每次回来后，读自己的书也越发认真，越发爱惜了。

美

在宿舍对面有一家开小饭店的，我常去那，她家有一个小女孩，蛮可爱的。也不知哪天，发现她家多了一条小狗，这条小狗长得也真有意思，全身黑透，那小脸呀，就看到了一双黑漆漆的眼睛在闪，可想而知它有多黑，就像是从炭堆里捡出来的。

有几次问她："给她取了什么名字呀？"她总是笑笑摇摇头。等我后来又去时问她，她对我说："名字已取好，叫小雪。"我当时听了，就笑着说："怎么能叫她小雪呢，它那么黑不溜秋的，叫她小黑不是很好吗？"小女孩没有再说话，她低下头，本来嫩白的小脸上，一下映上了两片红云。我摸摸她的头去吃饭了。

来吃饭的几个女同学见了这条小狗，也觉得很可爱，指着它的头说："你怎么这么黑呢，就叫你煤炭吧。""不，叫黑球。""还是叫煤球吧。"我在边上听了，往往会忍不住要笑，再看看那小狗，也确实可爱得很，刚生下没多久，又胖乎乎的，走起路来一晃一晃，谁见了都

105

会多看两眼。

可是今天走在去教室的路上，偶然间回想起这些，却突然发觉自己原来是犯了一个错误，为什么要有一个定势，黑狗就不能叫小雪呢？这世界上黑白本来就是可以颠倒的嘛！只要那小女孩喜欢，为什么不可以叫小雪呢？现在我似乎有些明白了，没有想到那小女孩是比我们更有意味的。很后悔那天和她说的话，也许我会伤了她的心，但下一次去时，我一定要对她说，其实姐姐也非常喜欢小雪这名字的，希望能看到她开心的笑脸。

静下心来想一想，这是一件很有意思的事。没想到一个小妹妹会比我们这些大学生更能感受到美，更能摆脱习惯的束缚，自由自在。我甚至有些惭愧，因为我发现自己的心中不知什么时候已少了一种特别的美，那次脸红的似乎不应该是她，而是我。

乐，就在我们的生活中

许 磊

　　别用你忧郁的目光呆望着书桌了，小薇。我们不是都那么喜爱何其芳的诗吗？他不是曾经告诉你我"去在平凡的事物中睁大你的眼睛"吗？那么，来吧，小薇！睁大你明亮的眼睛吧，生活中到处充满了快乐，难道你不曾看到，不曾感受到吗？

　　为了艺术大奖赛，同学们牺牲了课余时间排练舞蹈，我们不也去了吗？那是多么快乐的时光啊！我们的舞姿是那么笨拙，大家跳着，笑着。班长那过于认真的神态和动作时常让我们笑弯了腰。那一次，正当大家跳得起劲的时候，文艺委员一不小心滑了个大跟头，坐在了地上，大家笑得都跳不动了，连音乐都被笑声淹没了。那时你不也笑得前仰后合，不也被快乐感染了吗？那次我们取得了第二名的好成绩。那时的快乐才是真的快乐。内心之喜全从扬起的眉毛、微翘的嘴角流露出来。是啊！我们的时间没有白花，我们的汗水没有白流，这种欣慰与满足难道不曾带给你快乐吗？

　　学习？你又提学习了，小薇，学习真的那么枯燥、那么苦吗？考

好了，朋友一拍你的肩膀："走，我请你。"一瓶甜甜的汽水一直甜到心底。此时你心中除了对自己苦读的回报感到喜悦和欣慰，一定还有对朋友的真情的感激。考坏了，当你情绪低落时，老师亲切鼓励的话语会在你心中重新升起希望和信心之帆。想想这些吧，小薇，其实学习的乐趣又何止这些呢？

放学了，你的车胎却没气了。正当你皱着眉头推车走向打气站时，忽然看见几个男生在远处做着鬼脸。哧哧地笑着。原来是这些淘气鬼。这时你还生气吗？你一定是笑了，尽管不知是笑自己还是笑他们。这种愉快又是另一番情趣了。

至于打球、聊天、郊游、节日就更不用说了。快乐就洋溢在我们身边，难道你不曾看到，不曾感受到吗？

让我们拉起手吧，小薇，生活中这么多的欢乐等待我们去分享。让我们再背一遍何其芳的诗吧，"生活是多么广阔，生活是海洋，凡有生活的地方，就有快乐和宝藏……"

又过了4年。我出差至京，意外地在大街上遇到大伟，读博士的他正携了女友悠闲地购物。我给大伟讲了张老师的那席话……

在熙熙攘攘的人群中，大伟突然泪流满面。

在那以后的时光里，我一直回味着大伟所遭遇的满含爱意却又非常残酷的"歧视"。我感到，那"歧视"蕴含着一种催人奋进的力量。对大伟和那位埃菲尔铁塔下留影的学生而言，在他们的人生征途中，张老师的"歧视"肯定是最宝贵最美丽的。

雨夜放歌

木　风

刚到高中时，恰好与一班毕业生同住一个楼面。当那年夏天临近的时候，他们面临着毕业与离别。看着他们一个个收拾行装，离去，留下的人越来越少，沉闷的气氛令我们也感到压抑。剩下最后一个人的日子，只有在吃饭的时候才看见他提着饭盒在空荡荡的走廊里慢慢走过，低着头，脸上毫无表情。我不知道，他是怎么度过那最后几天的，想到我们以后也要经历这份寂寞与伤感，我甚至有些担心。

后来又看到了这样的场景：

毕业前的一个晚上，一阵喧闹把我们从睡梦中惊醒。睁开双眼向窗外望去，依稀见到一群人在楼前走过，嘴里喊着什么。那天下着小雨，"惊魂未定"但又好奇心甚强的我们打起伞跟在他们身后。

东区女生宿舍很多窗户打开了，她们点起了蜡烛亮起了手电。烛光与灯光在细雨微风中随着歌声摇曳。

很难说清是怎样一种感受，但那场景至今难以忘怀。

当时就在想，高中毕业的时候也要去唱歌。可以是摇滚，可以是民谣，就像在这样静静的夜色中，为了离别而洒泪放歌。

这一天已经越来越临近了。

同　学

周鸿飞

在各种社会关系中，同学这种关系也许是很富于温馨感和亲切感的。想一想，"恰同学少年，风华正茂，书生意气。挥斥方遒"之时，大家就读一堂，是多么难得的际遇，又留下多少美好的记忆！

记得我小学六年级时，有些小伙伴闹不团结，班主任高老师批评他们："你们同学一场，不懂得珍惜。再过多少年，你们想聚到一起，也困难了！"当时真是少年不知愁滋味。任凭老师苦口婆心，有的同学还是不解其意。可是，若干年过去了，当同学们再聚首时，不约而同地回味起当年老师的话，这也是实践出真知了。

如果要问，同学关系为什么这样珍贵？也许，有多种内涵：同学是缘分，同学是青春，同学是亲情，同学是历史。同学是一种永远忘不掉、剪不断、说不完的联系，人生能有一批重情义、有品位的同学，不但是一种幸运，而且是取之不尽、用之不竭的宝藏。

一位大学同学，过了不惑之后，仍在攻读博士学位，远道来到京

绚丽多彩的校园

城，我禁不住要约他一聚，他那充满爱国情结的论文，给我多么巨大的触动。

一位中学同学，下乡历尽艰辛，又逢企业下岗，被聘新职位到北京，我忘不了请他来家，他的充满沧桑之感的话题，让我许久不能平静。

一位小学同学，供职工厂，负荷沉重，假日来京散心，我们同桌共酌，情钟苍生，漫话底层，使我加深对国情和社会的理解。

真是说不完的同学事，写不尽的同窗情。每个同学都是一本大书，都有一段沧桑。我多么想拿出专门的时间，遍访我的同学，抒写我的同学，让世人了解我的同学，尤其让年轻的一代知道这个世界确有那么一批以利他的价值观生存着的人们！

这些年，尽管人生不相见，但不论经历多少变故，我也不疏远我的同学。因为，同学之间最富于理解，最容易沟通，最讲究平等，最少庸俗气。我喜欢同学之间的书生神交，我喜欢同学之间的开怀畅聊，我喜欢同学之间的慷慨相助，我喜欢同学之间的直呼其名。当社会上的某些人格被扭曲的时候，同学还是一块难得的净土。然而，如果这片净土出现些许不协调，也将使我感到惶惑和痛苦。

那一回，终于让我遇上了难堪的一幕：一位在学校里挺相知的同学，历尽坎坷，久别重逢，却清楚地称呼我的职务。顿时，我似乎惊呆了，仿佛像《故乡》里的"我"被成年闰土称呼为老爷那样让人刺心！我扪心自问，是我摆了臭架子，或是我对同学有什么怠慢？细想下来，我还无愧。那么，是什么因素致使同学之间难脱世俗的氛围呢？看来，还是树欲静而风不止，社会上的庸俗之气无处不入，连同学这个纯洁的领域也不能幸免！

由此，让我悟出同学之间还有一种使命，一种历尽沧桑、青春永驻、锲而不舍、百折不挠的使命。净化社会风气。同学也不是死角。还是从同学开始，莫泯当年的理想，继续做韧性的努力，让真善美坚持下去，代代相传。

别矣，母校

张蔚文

"春风虽欲重回首，落花不再上枝头。"

没有人不怀念过去，也没有人不憧憬将来，但山川沟河。终有完尽，又何况人之岁月？"人生七十古来稀"，人世只不过是匆匆的数十寒暑。诚然，五年并不是一段短暂的时间，但在我似乎只会历时片刻，也就只像一声长叹，消逝得无影无踪；生命转眼成空，我们将会飞也似的逝去。不是吗？时光荏苒，岁月不留，人会终老，光荣的日子也会溜去，余下的只有不死的回忆。假如不及时留下一点雪泥鸿爪，小半人生也就无痕迹的静静溜去。

人是多么古怪的动物，他希望自己喜爱的东西永存。一旦它瞬息消逝了，就会倍觉依恋。同样地，母校的一切，在一瞬间变得那么亲切，那么可爱，礼堂中的一灯一火，教室中的一椅一桌，园中的一草一木，都使人留恋，使人不舍。几年来，大家欢聚一起，同堂共观，研讨切磋，劝善规过，一朝分手，各奔前途，不免有点黯然神伤，令人感到空虚和孤寂。但有什么办法呢？一纸文凭，就逼我跨过社会的门槛，好像一个从未离开母亲的孩子，一旦要出门远行，他的心情是多么的惆怅。谁都知道，离别所给予人的感情折磨是难堪的，正如李后主云："是离愁，别是一番滋味在心头"。

提到别离，任谁铁石心肠，都免不了感到难过，眼眶总会有点儿湿润。不过，"乐莫乐兮长相知，悲莫悲兮生别离"，天下无不散之筵席，人生的聚散也不能预料的，人的一生绝不会静如止水，因为一湖碧水，有时也会泛起轻微的涟漪；人生就免不了碰壁失意。

多少人为前途而秉烛夜读，以求考试合格，祈望将来能在社会上名利双收，但又有谁能防止希望之尽成泡影呢？他们又可知道人生的道路上本来就满布荆棘丛林，而辉煌的生命就是靠不断的失望与失败而增添色彩？不论失败也好，别离也好，都不是愁郁所能驱散，因此我们应互相鼓励和祝福。因为悲伤只能增加惆怅，而祝福却为将来带来希望。祈望于生命的旅途中一路平安，在茫茫的人海中乘风破浪。

"归去，归去，夜深闻杜宇，归去游子别离绪……"母校，我不能回到您的怀抱，平庸的文章更写不出离情之意，祝福之辞，只能在这空白的纸上抒发我的热忱，寄上一份深厚的感情。因为我在我生命的史册上留下最值得缅怀的一页。别了，在校的同学们，你们比我们幸福，还有机会留在母校，还未尝到我们遭遇到的离愁。愿你们能把握机会，爱惜光阴，努力学习，修养自己。那么毕业后便不会留下一页后悔的历史。听我一句话——珍惜时光，享受你的学校生活。

绚丽多彩的校园

115

"另类"老师

朱育丹

（一）

他是我的美术老师，认识他也不过是在几个星期前，那是上高中以来第一堂美术课。上课铃如催眠曲般地奏响了，我懒洋洋地从书包里抽出了美术书，无精打采地放在了桌上，不自主地伸了个懒腰——大半天了，难得碰上节副课，可以好好休息一下了。

门开了。进来个年轻人，由于没戴"二饼"，我的视网膜上只留下了个轮廓——

不高的个子，倒三角脸、平头、大耳朵，穿一件黑"T恤"……

"米老鼠"，我下意识地反应。急忙戴上"二饼"仔细端详起来：大眼睛、高鼻梁，不过面部表情有点儿刻板。他大摇大摆地走向讲台，手里只有一本美术书，大出我意料的是，他并没有停在讲台前，而是坐在了前排的一张空桌子上。一时间，所有人的目光都被他的举动吸引了，我的睡意也没了。

"今天我们来上美术……"他口若悬河地说了起来。讲得挺杂的，甚至是想到哪儿说到哪儿。一时间我似乎成了只无头苍蝇，竟抓不住他讲课的重点。也许是习惯了以往"教参倒爷"们的说教，今日出现了个"另类"，一时难以招架。的确，他所讲的似乎都是重点，又似乎都不是重点。

一堂课糊里糊涂地过来了，坦白说，我什么也没听进去，但还是条件反射般记下了当天的作业——"作业是书上第一页的两道题，答案在书上，抄一下就可以了。如果不想抄，可以随便写些对美术的杂感"。

也许是从没听过可以选择的作业，也许是从没见过这样的老师，我竟愣了半天，痴痴地望着他手中那本书——整整 45 分钟，他连翻都没翻过。

果真，与众不同。

（二）

我一向不屑干拷贝书的蠢事，于是选择了后者。信手写了一段杂感，不长，都是实话，谈到我对美术的一些疑惑，譬如艺术品总是很难理解，一时难以接受之类的。

绚丽多彩的校园

写完了，交上去，过两天发下来，翻开作业本，我不禁吓了一跳。美术本上竟是一片"红"：密密麻麻地全是他的评语，相形之下，我那几行杂感，已被挤成了一团。

我呆住了，默读一遍，这哪里是评语，这分明是一篇议论文：思维严谨，引论充分，势如排山倒海，一气呵成。文中用了许多例子。什么"曲高和寡"、"民族的才是世界的"，有点儿难懂。不过在文末一句"点睛"之笔令我顿时感到"溪头忽转"："真正的艺术品，不在于取悦别人，而在于取悦自己，取悦别人是俗，取悦自己是真"。

如果说两分钟前，我对美术，尤其是艺术品还是门外汉的话，那么此时，我已找到了这神圣殿堂的门槛。

我随手翻了一下同桌的作业本，竟然也是红红一片，再看看班上"同仁"们一个个瞪着眼，张大嘴，拿着作业，一副受宠若惊之态，显然他不是一时的"头脑发热"。

我似乎感到我们是出题的老师，而他却是个答题的学生。

果真，另类。

（三）

第二堂美术课的铃响了，他依旧大摇大摆地走进来，依旧坐在前排空桌上，依旧口若悬河地说着。

不同的是，我没了困意，规规矩矩拿出书来，手中还多了枝笔。

猛然间在美术书上，我发现了一张雕塑照片——一个人屈腿而坐，一只手搭在膝上。

我下意识地抬头，只见他也是屈腿而坐，一只手搭在膝上。

唯一不同的是他的脸部表情在变化。

"艺术品"，我愕然！原来他就是一件艺术品，一件真正的艺术品。不一样，就是不一样……教室里滔滔不绝讲着不是倒爷，也不是侃爷，却是真正最不像老师的老师。

最后一个学期

殷 俊

过了这个新年，只有一个学期，她便毕业了。

她的心中装了许多美好的、喜悦的愿望，她盼着毕业，盼着走出这个校园。

阳光在庭院的水里闪着光芒，刺得人眼花缭乱。接过母亲递过来的一叠皱皱巴巴的钱币，她心里想着：最后一次交学费了！

母亲背转身离去的脚步显然有些蹒跚，母亲老了，可是她辛辛苦苦的一生为了谁？

临上车时，母亲从口袋里掏出一叠零钱，叮嘱着："坐车小心，好好照顾自己。"她却再也忍不住地泪水夺眶而出……

这个村庄，给予了她太多的爱与牵挂！

冬日里枯寂的村庄离她愈来愈远，可是她眼前却愈来愈鲜明地现出母亲那张饱含太多内涵的苍老的脸，以及父亲那双因农忙而先去了三个指头的如枯藤般的手，那双手，仍在不断地忙碌着……

冬天，还没有走出那个院落。

夜，在不知不觉中悄悄降临。黑暗无边，而她却无眠。

隔壁传来母亲均匀的呼吸声，父亲，打着响雷般鼾声。一只猫在她的被角甜蜜地入梦。它不能想象这么深的夜，还有一个人不曾入睡。

想什么呢？或许是在想着这个家庭的诸多变故吧，也许是在想着度过了这最后一个学期，她将会为这个家做些什么。

母亲忙碌了整整一天，临近二十点时，还起床喂了一次猪。就着灯光做鞋，一直到一点钟才躺下身。而这时，她已醒了。却再也睡不着。

母亲在睡梦中呢喃了一句什么，她又在焦虑着什么？唉！母亲连梦中都在为这个家操心。

天刚蒙蒙亮，她开了灯，在床上看书，翻开昨天未看完的那一页。却惊醒了母亲。母亲问："怎么起那么早？睡好啦？"她回答了一句。母亲也起身了，外面传来了扫庭院的声音，打水的声音，再一会儿，母亲端了一碗炖鸡蛋已走到床前，与每次一样，她知道：母亲是不会喝一点儿的，即使她再推让，也只是小抿一口。

鸡和鸭子在院里子叫唤着，热闹的声音使她暂时忘却了那丝苦涩，母亲或许也会略略欣慰些吧。

她说："妈，明天要开学了……"母亲自是理解未说出的话，她只说："我知道了。"可是母亲的眼睛里明显地有着一丝忧虑。

早上，她吃了母亲做的汤圆。母亲一个劲地叫她多吃点儿，说在

学校里就缺这个。中午母亲又忙着包饺子，因为她常说："弯弯顺，无论走过多少弯路都能顺顺利利。"

她想：最后一个学期了，我很快便可以为母亲分担些重担了。是的，最后一次交学费！穿过川流不息的人群，路旁的招牌吸引着每个行人的视线。她除了行路，心里仍在想着母亲，刚刚从家里出来，便开始思念起母亲来，这是为什么？她已经不再是孩子了呀！可是母亲，明明如同就在眼前，就在她行过的路的后面，用双目注视着她远去的背影。

一条路在眼前延伸着，遥远的，她如同见到了未来的那阳光，在她的前方，照得她心头暖烘烘的。

校园中的"绿"

刘　蓓

　　像被谁推了一把，大地从一冬的沉睡中醒了过来，她揉了揉惺松的双眼，舒舒服服地伸了一个懒腰，打了一个呵欠。于是，万物都像被赋予了新的生命，立刻充满了无限的生机：小河解冻了，小草悄悄地破土而出，小鸟在蓝天上欢快地飞翔，快乐地歌唱……这便是春天那旖旎的景色吧！然而春天让人们感触更多、更深的还是那漫山遍野，青翠欲滴的诱人的绿。是绿把西安这座古老的历史名城唤醒；是绿在人们现代生活的天平上又加上了一个砝码？使现代化的前进步伐又一次加快……因为"绿"是生机，是活力，是希望，是曙光！

　　"绿"是有形的，又是无形的。作为学生的我们，生活的时间最多的是在校园里，校园中的绿不同于大自然的绿。在校园里。我们感触到的不仅仅是小草吐芽、绿竹丛丛、青松挺立、铁树常青的佳景——这些有形的绿，我们感触更多的是那无形的，却比有形的更加充满生机和活力的绿。

123

绚丽多彩的校园

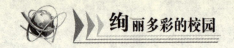

漫步校园，无论是老师还是学生，个个都精神抖擞，意气风发。学习上，同学们奋发向上，思想活跃；工作上，老师们干劲十足，勇于革新，这一幕幕不正像那泰山顶上四季常青的松树，充满了绿意吗？

还记得元旦前夕，学校准备举行文艺汇演，同学们闻风而动，写剧本，练台词，做道具，全身心投入，都希望能拿出质量最高、最受欢迎的节目作为新千年的礼物献给全校的师生。那种青年人特有的朝气不正像破土而出的小草渴望得到阳光吗？

我们的校园像是一座大花园，教师就像一片片绿叶，初春鹅黄嫩绿，深秋姹紫嫣红，雪中虽然枯黄飘落，但脉络间依然存在着绿的希望，即便化作春泥护花也无怨无悔。莘莘学子像群芳个个争奇斗艳，不负众望。各种竞赛榜上有名，屡创佳绩；每年高考，成绩优异，北大清华，如愿以偿。校园里桃李芬芳，一派生机。到处充满着青春的朝气，到处呈现出浓浓的绿意。

这便是校园的"绿"，它着实可爱。有形的悦入耳目，无形的沁人心脾，像跳动的音符，像喷涌的甘泉，像初升的太阳，鼓舞人奋发向上。让我们充满信心地扬起理想的风帆，在这绿色的知识海洋里远航，迎接明天，迎接挑战！

开花的课桌

看看日历，知道已是春天，可走在户外，觉得风还是冬天的风，冰凉刺骨。太阳依旧病恹恹的样子，起伏的山，一片片的林子，全是灰蒙蒙的颜色，铅笔画似的，哪里有一丝春天的踪迹？有一天，我却意外地从学生的课桌上，发现了第一抹春痕。

学生在写作业，我在静悄悄的教室里巡视，蓦然看见，一个课桌的缝隙里，有一撮小草芽，用细细的白线娇娇地扎着。草芽针一样细，顶端嫩绿，往下是鹅黄，根部则嫩白。我站在那里端详了许久，心中一时有些感动。我相信，这是天地间的第一抹春色。在寒风料峭的二月里，在灰黄苍茫的天地间，发现这一抹淡到极致的春色，需要怎样的耐心和细心呀！也许只有灵秀的孩子们才能感觉得到。当孩子们采集到它时，一定十分快活，乃至大声地欢呼过。我捏起那一小撮纤细的草芽看了看。又插进桌面的裂缝里，坐在位子上的男孩，这第一抹春色的主人，仰脸望着我，笑了。

125

　　这以后，稍一留心。便天天可以从学生的课桌上，感受到春意的萌动和蔓延了。桌缝里，有一二截刚刚泛青或萌出芽苞的小树枝，三五朵小野花——那么小，白的似米粒，黄的、红的，像蜡笔上削下的碎屑。想这些鲜艳的粉末，该是二月的风荡来的春天的彩尘，细心的孩子发现了，便用小手指将它们拈起来，染在了他们的课堂上。终于有一天，我看见学生的课桌上，插了一枝迎春，枝条上是繁密的金色小花，如一串耀目的阳光。教室里，被映上了一层淡淡的暖意。

　　打碗花、紫地丁、黄地丁、映山红、葛花……学生的课桌上花事纷繁起来，演示着春天的进程。有些野花，我根本叫不出名字。一到春天，山里野花真是太多了，山坡上、田埂上、河边、路旁，到处都是。孩子们翻山越岭来学校，路上只要一弯腰，便能采一把在手里。这些山里孩子，有的还穿着露趾的鞋，穿着哥哥姐姐肥大的旧衣裤，他们无忧无虑地吹着柳笛，摇着手里的野花，沿着弯弯的小路跑着、眺着，到了学校，便把那花插在课桌上。有的孩子，还用细线把花枝绑在铅笔上，看上去，他像是捏着花枝在写作业了。花枝轻抚小脸，让人想不清，是花枝染红了小脸，还是小脸染红了花枝。

　　有一天，我迎着学生的歌声走进教室，看见我放着教科书的课桌上，也插了几朵野花。我的课桌最破，桌面上满是裂缝，循着纵横的缝隙，长满了青草、绿叶、小花。那课桌，仿佛是从春天剪下的方方正正的一块芳草地。我打开教科书，书页里也夹了几朵指甲般大小的紫色小花。我笑了，学生们也喜形于色。我没有说什么。便开始讲课。

其实不必说什么，那一笑，已使师生的心沟通了，大家共守着默契。这一节课，上得格外好，学生始终情绪高昂。下课后，我拿起一枝开着淡紫色花朵的葛条，嗅了嗅，对学生说："真是春天了，连咱们的课桌也都开花了！"学生大笑，欢呼起来。这时候，一个调皮的男孩，指着一个女孩子说："老师，她也开花了！"我一看，可不，她的小辫子上，簪了一枝粉红的野花。学生们又是一阵击掌大笑。

在这开花的课桌间踱步，听着学生们那晴朗的笑声，我觉得，这教室该是春天的源头了。春天是从孩子们的身上产生，先染了他们的课桌，然后漫出窗子，染了山川。和孩子们在一起，就是和春天在一起。我想起了一位诗人的句子：

孩子是春天的另一种姿势

绚丽多彩的校园

127

放学以后

薛伟强

昨晚看电视看昏了头，竟把"背书"忘得一干二净。今天下午好不容易把古文攻下来，傍晚时学校里空荡荡的，已经没有几个同学和老师了。

我从一年级教室外匆匆走过，看见教室门没有关，也没有在意。走了一段路，觉得不对头，回头一看，那教室一片辉煌，四只日光灯在大放光明。

我心里有些发毛：四只日光灯如果开一夜的话，说不定有几只会烧坏的；再说，电视里不常常在告诫我们"能源有限"吗？这分明是在浪费能源呀。

我停步，转身，但走到教室门口，又迟疑了：这些天我们校丢钢笔、圆珠笔的事时有发生，万一明天这个班级里发现丢失了东西，我这不是跳进黄浦江也说不清了吗？

我重新转过身，重新抬起了腿，但没走出三步，似有芒刺在背，那四只日光灯在呲牙咧嘴嘲笑我：亏你是个中学生，接受了七年多的学校教育，就连这点觉悟都没有？

我再次回头转身，终于义无反顾地走进教室。只是举手之劳，就把四只日光灯一一拉灭了。走出教室随手又把门关上。

走到过道上，忽然看见对面办公室门口站着位老师，他在看着我，他看见了刚才发生的一切？我有点惭愧：这一点点小事，竟费了那么多周折。我侧过脸，瞧了他一眼——哦。他正扶着鼻梁上的眼镜，冲着我微笑——虽然仅仅是微笑，但我已经觉得足够了。

我跳上自行车冲出校门，夜幕已经降临了。我看到遥远的天边有一颗很不起眼的星星，在闪烁着淡淡的光辉。

绚丽多彩的校园

举步回首

白东东

　　举步，回首；再举步，再回首。别了，我的母校；别了，我的伙伴；别了，我爱的你们。

　　这是离别的季节，这是离别的日子，风唱着歌，树摆着手。啊！蓝蓝的天上白云飘，是在向我告别吗？

　　举步，回首；再举步，再回首。静静地孤立着的是龙爪槐的身影，悄悄地默诵我们曾共同拥有的快乐。骄阳下，你用弯曲苍劲富有古意的手臂遮挡着火辣辣的阳光，我感受到了由身到心的清凉，而你却被烈日的毒针刺痛，轻声地发出沙沙的呻吟。我抚摸着你粗糙的皮肤，磨破了我的心。你用你那洁净的心呵护着我。而我只能用无言的抚摸向你说声"谢谢"。

　　在我伤心的时候，我在你身旁呆立。向你倾诉我心中的悲痛，眼泪不争气地流下，滴落在你的脚边，你默默地听着、听着，我语无伦次、反反复复地诉说，你总是微笑，从没有不耐烦的神色，如甘露滋润我的伤口。我看到你的眼光是那么柔和，使我产生了撒娇的冲动。你让清风吹落我的泪，用你那如颗颗赤心的落叶抚摸着我的脸，我的身，我的心，这清新的言语在抚平我破裂的伤口。

我快乐的时候，伴着我歌唱，我发疯似地围着你跳啊，笑啊，没有一会老实劲儿。你也跟着我快乐，舞动着自己的手臂，但你忽又默默地适可而止地停住，微笑着，让我保持矜持。我理解你，温柔地倚着你坐下，与你共同数着天上明亮的星。

当装满错误的盒子被我不小心打翻后，是你阻止了我逃避的举动，开导我，教育我，甚至有时会用你强有力的手臂轻轻地轻轻地"打"我。我知错了，我承认了错误，我改正了。你用你特有的行为夸奖着我——拍打了一下我的好幻想的脑袋，我看到了你欣慰的老泪。

啊！老师，是老师，站在你身旁，那已转灰变白的也曾油亮乌黑的头发，那如刀凿斧砍般的深纹，那略有些佝偻的身躯，我熟悉的不能再熟悉的身影，忽然间不见了。在哪里？在哪里？咦？你的笑容为何如此熟悉，啊！我知道了，是老师已经融入了你的躯体里。老师，再见了。

举步，回首；再举步，再回首。那可爱的五彩斑斓的月季花就在脚下，露着真诚的笑脸，是你们伴我度过紧张而又快乐的高中生活。校园里常发现我们在一起嬉戏的身影，我们欢笑着，我们玩闹着，我们尽情地戏耍着，紧张的学习后让我们轻松一下，放纵一下我们热血沸腾的心胸。一张张鲜艳的充满朝气的脸迎着太阳笑，笑得弯了腰，

绚丽多彩的校园

又挺直了腰，你们含苞欲放。晶莹的露珠从脸上滑过，落在碧绿的臂上、身上。你们贪婪地吸吮着天地精华，呼吸着清晨的朝气，永不知疲倦地跳着无节律的舞。

我感到了朝气，我感染了快乐，我和你们共同度过这美好的光阴。我们是伙伴，我们也有过冲动，为了某个问题而争吵得唇焦舌燥，天翻地覆，甚至舞动了拳头，但我们终归是朋友，忘记了不快，加深了友谊。

有时，我们一同坐着，坐在碧绿的草坪上，尝试着无声胜有声的境界。有时，我们又大侃特侃，说理想，说现实，说我们自己与老师，我们无忌地笑着，无忌地哭着，无忌地说着，无忌地跳着，我们共同拥有青春，为何不快乐一些呢？忧愁、不快早已抛到了脑后，让我们尽情地舒展着即将高飞的翅膀吧！

鲜花怒放。是张张表情各异的脸。看那个正在哭泣的女孩，是"猪"还有"小叭狗"胖胖的脸蛋儿，尤其是那可爱的翘鼻子，也在尽力地抹着眼泪。哈哈，还有那个也抹着眼睛的大男生是小朱，心可好了，还有"老虎"正咧着嘴傻笑，真难看，跟哭似的。瞧人家"常乐"笑得多有水平，嘴咧到了耳朵边，小眼眯成了一条缝，还有……

啊！我的亲爱的伙伴们，在这即将离别的日子，在我们都要各奔东西的时刻，我的脆弱和感情像倾泄的洪水，一发不可收拾，泪如泉涌，大家在离别的日子抱头痛哭。不知是哪个调皮的男生，说了一句"别哭了，再哭就可以洗澡了"。才使我们破涕为笑。回忆往昔，几多欢喜几多忧。

举步，回首；再举步，再回首。母校的楼房在眼前耸立，诉说着过去。在这里，我度过了我的花季，我的雨季，这里是我步向明天的摇篮，这里是我理想的出发点，我的梦在这里发芽，我的心在这里长大。我就要离开这里了，让我再看一眼吧！我要把她深深地印在脑海里，深深地埋在心底。

再见了！老师。再见了！同学，扬起我们的风帆，奔向各自不同的港湾。出发！

举步，回首；再举步，再回首。不能再犹豫，不能再逗留，天下没有不散的筵宴席，走吧，从此奔着各自的目标走吧，过去的永远过去，而新的一切即将开始。

同桌的你

陈　沫

大概是一种惩罚吧，上天让我一直挨着你，桌椅调来换去，而我的同桌却总是你，于是，我的高中生活便有了一番不同的遭遇。

知道吗？你的嗓门真得很大。上课，你伸得挺挺的腿抵着讲台，身体被紧紧夹在桌椅的缝隙里，耳际还插着一枝笔，最爱用那很大、很大的嗓门去继续老师的话题。每每我的思绪飘出课堂。最后都是你那过人的嗓音将我的心脏吓得乱颤一气，不得不转回神来抚平受过惊吓的情绪。我不知道你哪里来的那么多似乎很傻气的幽默，反正你传遍教室的傻言傻语，总是能换来满屋子纵情的大笑，老师——即使是长着一副"扑克牌相"的硬派老师，也是表情肌一紧堆出满脸的笑来。尽管因离你距离太近，耳膜常不能正常运作，但是你的大嗓门真的叫我们过得很开心、很纵情，枯燥的知识活了起来，心也活了起来！

你总是不客气地用我们周围人的东西，用了修正液，用荧光笔，你说："你的就是我的，我的还是我的！"我们哭笑不得，但我知道，你并不是一个自私自利只求索取的人。我保证。我没有带书，你总会把腰弓成虾米，身子探出来好长，让我与你共看一本书，一堂课下来，你的腰不酸吗？微微侧身的我可觉得腰上的筋要断开了。理科成绩很烂的我遇到不会写的题，你划烂了草稿纸想通了，总爱兴奋地讲给我听，而后得意地大夸自己，我当是伸张正义地驳你几句，但你那么尽心地帮我，你爱吹破几张牛皮，就让你吹破几张牛皮好了。我不会再让你口上服输、心有不甘地捶桌子、揪头发折磨自己。不错的嘴上顽劣的你其实胸中有颗好心。

你想得到吗？你的同桌我觉得你是个怪人。分明要考外语了，你却捧本化学背来背去，你很有把握了吗？不，我知道你根本没有复习，因为分数——你本子上的得分已经表明得很清楚了。下课，用手扒了半天短毛的你顶着"毛栗子发型"居然问我："你看我的头发还乱不乱"？你郑重的样子叫我不忍捉弄你又很想很想捉弄你。你有时候很多舌，又有时候不言不语，有时候很凶，还有时候像个受了委屈的小弟弟——把书包往我脚下一丢，随即迁移过来和我挨近，不敢搬回去，好像那一边有什么人叫你饱受委屈。

同桌的你，尽管没大没小，胡说八道，还严重自大，但我还是喜欢与你做"邻居"，因为你把生活调剂得很有趣。

绚丽多彩的校园

班草其人

韩　芳

　　班里的漂亮女孩可以叫班花，笨拙男生就应该叫班草。高中班的班草是在军训时脱颖而出的。全班同学随着指导员的口令哗啦啦地转动，偏偏他来唱对台戏。每每把身边的同学撞得人仰马翻。开始指导员还以为他是故意捣蛋，专门指定一个小战士与他单挑。不出半日，后者就狼狈败下阵来，原来这小子天生动作不协调。于是整整一个礼拜，我们顶着毒日头水深火热，他反而与老师为伍站在树荫下袖手旁观，只因怕他"坏了一锅汤"。

　　班草小脑不行，大脑挺灵。数学、外语两门主课他以全年级第一的成绩考入我们的这所重点，刚开学就听说两位任课老师急着要他当课代表，不过英语老师很快主动弃权。第一堂课，班草被叫起来领读课文，本是有心培养，岂料不听不知道，一听吓一跳，他尊口一开，师长几乎落荒而逃，原来他说话结巴。于是他顺理成章当上数学课代表。

班草就是那么"实而无华",明明满腹锦绣,偏生聪明肚肠笨面孔,加之打起球来动作走样,讲起话来舌头打结,在男女中均无市场,真成为一株无人关心的小草。其实班草很想与我们团结友爱。一次课间,他热情洋溢地要教同桌一道题,可比划了半天一直到下一堂课铃声打响,他兀自"方程两个根、根、根……"把听者恨得牙根痒痒。从此他再不敢这样子助人为乐。

班草在自己的一平方米领地静静听讲,默默做题,大家笑时他也笑,只是他从不与我们一起胡闹。然而班草在我们眼里头实是个宝料,任考试如麻,他稳居三甲,以致博得赞誉"吃的是青菜,挤出来的是奶。"印象中,班草一年到头一件旧茄克,一条工装裤,原以为这是"书虫"的呆气,直到有一天从班主任口中得知他竟是特困生。班草的高度近视就不是看书看出来的,而是天生眼疾。因为用眼过度,眼病突然加重,他骑车回家时目中无"石",跌了个大跟头。养了两天,班草躺不住了,高三了,一寸光阴一寸金。看到班草顶着个大肿包出现在教室门口,大家一反常态,主动与他勾肩搭背打招呼。据说。有若干女生还是头一次与他说话。以后的日子里,班草头上的包小下去了,嘴里的话多起来。再以后,大家齐心协力挥汗如雨应付高考,班草终于如愿以偿考上了第一志愿。

三年里。班草没干过一件感天动地的事。假如班草真是一棵小草,必是足以令人领略到自然静美的普通一草。

蝶　祭

卢华萍

那天我捉到了一只轻盈美丽的蝴蝶，用一只晶莹的玻璃罩把它扣在桌上，以为这样既可以让我静静地欣赏，又可以让它依旧看得见外面的世界。

蝴蝶不懂得是玻璃，它像往常那样飞，却被狠狠地撞了一下。玻璃是硬的，它不知道它只是努力地飞，惦念着那丛新绽的白牡丹。可是，它失望了。

我生了怜悯之情，怕折了那娇艳艳的翅膀。可是舍不得放走它，只好把希望寄托在它的适应能力上。

这一夜，如往常一样酣然有梦。

次日醒来，满窗的阳光，天晴。这一宿，蝴蝶可无恙？

残骸！

我颤颤地移开玻璃罩，拾起一片折断的蝶翅，放在掌心里，看着它，哭了。

我一宿梦美，它却在我设下的玻璃罩里做生命的抗争，只为了那丛白牡丹。

　　我无意残忍哦！

　　想起了昨天下午我实习班上的一位学生，她把热乎乎的小嘴凑到了我耳边，小声地说："新老师，待会儿我妈妈来接我的时候，你能不能对她说你要留下我来做作业？"我说："可是，我没想留下你来呀。"她垂下眼皮，有点委屈地说："今天下午，妈妈又要带我去学钢琴了。可是，我真想跟冬冬他们玩一会儿。"一会儿，就玩一会儿，这是一个小女孩最奢侈的愿望！我心一酸。她妈妈来接她的时候，她看着我，眼里含着乞求和信任。可是，我最终没有开口。老师怎能在学生面前撒谎呢？而且，这个年龄学钢琴，真的很不错。

　　我理所当然地保持了我诚实的师表，可是小女孩呢？她不喜欢学钢琴，因为学钢琴夺去了她应该享有的童年的情趣。可是她拗不过她的妈妈，只好无奈地坐在琴凳上，机械地在冰冷的琴键上练习指法。想像着伙伴们在小巷里玩着"过家家"的游戏，心里泪痕斑斑。

　　学钢琴真好，我甚至羡慕小女孩比我小时候幸运多了。小女孩的爸妈也许并不富有，但因为深爱着小女孩，所以节衣缩食让她去学钢琴，他们梦想着女儿因此而有出息。

　　可是，父母的热望和深爱无意间成了一个精美的玻璃罩，隔离了女孩应有的东西。小女孩的童年就在眼前，却隔了一层坚硬的玻璃，触摸不得。

　　小女孩不懂得这层玻璃，她本能地做着反抗，去追寻她应该拥有的。可是，玻璃是硬的，她撞不破。一次又一次。终于，折了娇嫩的翅膀，从此不再会飞。

　　她的妈妈也无意残忍！

　　拾起桌上的蝶骸，打开窗，洒在早晨的阳光里。

　　窗下，是一丛牡丹。

物理弱智

孙　晨

我是个物理弱智。

临班的小明跑来问我物理考多少分，我环顾四周，确定没有人注意后，压低声音说："×××……"我看到她的嘴唇和眼皮忽地拉大了距离，一副看到了非洲野驴的样子。她连忙伸出右臂，搂住我的肩膀，用手拍拍我的头，说："没关系的……"像拍着一个弱智。当然没关系，我想，反正我是物理弱智嘛。

我游荡于校园内，先后碰到了小朗、小缺、小红、小刚、小立和大刘，并且欣赏了他们圆睁的眼睛和呈"O"形的嘴。我看够了，于是转身，回去。

回到教室，走近我的位子。坐在前面的兄弟用手支着头。我没趣儿地走过去："怎么了?"当我看到他脸上从不曾出现过的痛苦表情时，我意识到自己不该问——这是显然的。他说，他妈妈哭了，当他告诉她他的物理分数后，她沉默着，一个劲儿地吃瓜子。他比我高4分。

绚丽多彩的校园

141

于是，在这个晚上，我没有回家，也没有像往常一样给家里去电话。我不是怕妈妈哭，我怕我哭。

我用智障的脑袋去想，一粒屎坏了一锅汤——物理毁了我的青春。

听说我还在妈妈肚子里时。做 B 超发现我的后脑勺有个"凹"。我更加深信我是一个弱智了。

于是，我可以痴呆般地笑了，并满不在乎地宣扬着我的分数——像在说别人一样，以致别人听过后总不确定地问一句："你说你自己呢"？

再后来，听说刘备的儿子的智商本来是"正常"的，可为了让他爸爸收买人心。牺牲了 120 点。我想：这也是一种奉献啊！

记得我对物理老师说："我听不懂。"他说："别人都听得懂，为什么你……"他是个好人，对"残疾人"工作很热心，又说："不会的尽可以问我。"我感动着，但又加了一句让人心寒的话："我都不知道从哪儿问起。实际上……我都不会。"于是，他哑然，无奈，转身，离开。

弱智的嘴里吐不出象牙来。

人们一定不相信，每个晚上，物理弱智都在宿舍昏暗的手电光下学着物理。

于是，我做了一个关于匀强电场和电源电动势的梦。

心　愿

　　教室的后门又轻轻地开了，一位同学从她身边过去。走出教室。她真羡慕那些同学：每次考试之后，老师就找他们去谈话。到了初三，老师已没有心思放在像她这样的学生身上，这真使她很孤独，也很沮丧。自己平时很刻苦，可就是学不上去；可她还是希望老师有一天能给她面授机会，使自己愚顽的脑袋开窍。

　　有一次，她去办公室想请老师帮助自己分析学习现状。老师正和两位同学谈笑风生。只见那位同学眉舒颜开。一脸的自信。她悄悄地立在一旁，老师似乎看到了她。

　　一会儿，上课铃响了，她揣着未了的心愿直奔教室。一路上，心里特难过。来到班级，她觉得同学们都用鄙夷的目光看着自己。她这时的心愿，不是希望老师给她点石成金之法。而是真想地上有个洞，能让自己一头钻下去。

　　她用书遮着脸，悄悄地哭了。哭得很伤心，哭得思维有些乱。她

143

希望老师给自己一块手帕，然后温和地对自己说一句：快把眼泪擦干，扬起风帆搏一搏。忽然间，又埋怨起父母，为什么不赐给我一颗聪明的脑袋，也让老师、同学都来注视我。

又一个晚自习，她正在看那一道道深奥的题目。忽然，她的余光里出现一个影子，正向她走来，她把眼睛悄悄地斜了斜，是老师！她的心怦怦直跳：老师找我谈话了，老师找我谈话了！果然，老师走到最后一排，在她身边停住了。然后轻轻地敲敲她面前正在看的书。她忽然从坐位上弹了起来。老师一惊，然后示意她坐下，又敲敲她旁边的位置说："XX 怎么没来上课？"啊！老师原来不是找自己的。她顿时要晕过去了，又羞又恼的泪水唰唰地往肚里流：什么时候您能留心一下像我这样的学生，天啊！

经历灾害

李克峰

人们一提到灾害，往往会想到水灾、火灾等等。但对于学生们来说却有着更可怕的灾害。那就是"考试灾"和"作业灾"。

"考试灾"和"作业灾"并不像水灾、火灾那样会造成很大的经济损失，但却把学生们折腾得找不着北，其中尤以高三为特重灾区。

每天早上，我们都要来个"开胃小测验"，测数学或外语。当然这个小测验相对于后面的"大菜"来说也顶多是道"开胃点"。上课铃一响，小卷子收上去，外语老师从容走入教室，把书一放，开始讲课。课程讲完，当堂发下大卷两张，测验开始了。同学们对这种测验已经麻木了，谁也不说什么，拿笔就做，做完就交。就这样，序曲结束了。

说外语是"序曲"，因为外语的"灾害"程度实在算不了什么。接下来，才真正体会到"灾害"的可怕。物理老师进来了，不容分说，先发卷子六张："这些卷子下礼拜一之前必须做完。下礼拜三我们测验。"要说物理老师的办事效率在我们班是有很高评价的，她通知完

后，不等大家有所反应，直接进入正课，一句废话都没有，大家根本来不及抱怨。

终于到了最可怕的化学课——"灾害"顶点。化学老师一向以作业第一和考试第一闻名全年级，使所有同学闻风丧胆，其他各科的老师无法望其项背。只见他晃着胖胖的身子，眨巴着一双小眼睛，扛着比别的老师多三四倍的"行李"，一步三晃地踱上讲台："这几份卷子——哎，安静一下，不要作出那种痛苦的表情——卷子礼拜五前做完。另外给大家介绍一本练习册……"一节课过得很快，但铃声只意味着正课的结束，他后面要说的还多着呢："今天就上到这儿，大家先不要起立，我说一下作业：除了那几张卷子，西城练习册做到……东城的……海淀的……还有蓝皮的那本做到……灰皮的……另外，能力训练……试卷全订本……最后我再通知一下：下礼拜二验收、礼拜四单元测验、礼拜五再做个练习……"

一天下来，同学们早已焦头烂额了，但"灾难"并未结束，"尾声"上演了。数学老师在门口探出脑袋："喂，去我那儿取一下卷子，明天交!"

可怕的一天过去了，但"作业灾"和"考试灾"并没有画上句号，对我们来说它至少还要闹一年，"经历灾害"的"经历"也还是"进行时"。

唉! 这"灾害"何时是个头儿呢?

偏　差

不知道你有没有发现，儿时的好友，别后多年，今天重逢，他已不是当年调皮的他了，或深沉、或古怪、或呆木，他的心理似乎发生了偏差，这又似乎成了当今学子的通病。

如果说 16 岁是花季，17 岁是雨季，那么 18 岁是雾季。

"雾里看花，终隔一层。"正如我们即使戴了隐形眼镜，仍然看不懂这熙熙攘攘、红红火火的学林，对于千军万马过独木桥的未来一筹莫展。于是乎，在"考什么学什么，不考不学"的应试教育下，在"使多少学子'拜倒'"的高考下，不断地模制出一个个、形形色色、奇奇怪怪的人来。

"特'困'族"的悲哀

记忆犹深的是高二的一堂语文课上，语文老师在上面手舞足蹈地

绚丽多彩的校园

147

讲着《梦游天姥吟留别》，力图让我们不仅在听觉，而且在视觉上得到教益。可是令他伤心的是，伟早已梦游到天姥去了。于是，老师有意无意地走到他的身边，用手轻轻地拍了一下他，没有反应，又拍了一下仍旧没有反应，这一看不得了，他后来说，他以为看到了谢公，还纳闷这个谢公这么眼熟。伟知道大事不好，"走为上计"也无济于事，唯一一计，就是第三十七计：自己请罪。于是，他1米8的个头，像根蜡烛似的插在那里。下课后，他主动与老师"谈谈"，不过没一会儿便满面红光地回来了。问他又用了哪种好计策，他轻描淡写地答曰："实话实说。"他只不过报上了补课、做作业花费的时间。老师就用怜悯的目光看着他了。

伟不是一个特例。因为我们每个人的口头禅都变成了：好困哦！我还特地计算过玲的作息时间，全部学习时间共计99h10m，而一星期时间才168h如此这般，剩余的70h即平均每日10h要用于吃、喝、穿、上学路途及休息等等，真正的睡眠时间可怜得仅有6h。

真不知道开创私人学府第一人——孔老夫子作何感想，作为国家教育部部长是否会忧心忡忡。我只知道，我们的师长、父母会先叹口气，又说：孰不可忍还得忍。

呜呼！我们当定特"困"一族了。

倔脾气女孩

邻家有个文文静静的女孩，家庭挺富裕，绝对是个养尊处优的干金小姐。只是父母对她的学习极苛刻。小时候，她很胆小，每次考砸了总是先自己闭门思过。没命地在小书桌上啃啊啃，待到父母"谆谆教诲"响起时，她就在一旁呜呜地哭，像琼瑶小说里为了爱情那么伤心地哭，弄得自己既狼狈又楚楚可怜，可是这一招每次招来的都是"丰富而有意义"的假期。

某一天，女孩长大了，高三了，有了自己的思维，尽管眼睛仍是肿肿的，内心却有一把辣旺的火，冷不防会爆发出来。

现在的女孩，没等父母唠叨几句，就从嘴里射出一连串炮弹似的嚎叫反讥，再挨下来就是冷战，她可以一星期不与父母说话。一次，她心里憋得慌，用手死命地敲家门，结果震动了全大楼，邻居们都不敢相信，她还是不是那个可人的女孩？

女孩再不愿小鸟依人地在父母的庇护下拍两下翅膀，她需要高天和阔海，仅此而已。

女孩说："她受不了父母对她的好，更受不了父母对她的苛求。"

其实，女孩很聪明。她能一字不差地哼唱只听一遍的歌曲。其实，女孩很温柔。她与理解她的人在一起，总是甜甜地笑。其实，女孩很爱她的父母。她清楚地记得他们的生日。

多可爱的女孩，她的倔脾气绝非顽症，只需多一份理解，多一份关爱。

害羞的男孩

坐在墙角落的那个男孩，高高的个、清秀的脸庞。听说他初中的时候是学校的文艺骨干，到了高中，为了一门心思地学习，什么都不干，他有个宏伟的目标，那就是上海交大。至于他到底长得什么样子，我始终不清楚，因为他总把头压得低低的，读书的样子真的好勤奋，好刻苦。

他不常与人交往。原先一个人坐，后来有了个同桌，也只是偶尔才说一两句话。那个做了他一年多的同桌至今连他的基本事宜都不知道。在班里，他没有朋友，他对我们每个人都是空白。

他属于自己读书的那一类，刚开学的一次考试考得很不错，让全班惊诧，还有些人专门向他取经。问的问题是：一天不说话就能考好吗？之后，他就在众目睽睽之下依旧做他的书虫，每个高手都在摩拳擦掌要与他过招。渐渐地，他的成绩一次比一次坏，终于落到下游去了；渐渐地，他一天比一天消沉，没了以前的男孩风度。

他上课从不举手，一旦被叫到回答问题，脸会涨红，声音轻轻的，手好像也在发抖。有一次，他忘了带书，事先不去向别班的借，同桌也不知道，正巧被提问，站起身来失措得手不知往何处放，牙齿咬着嘴唇，半晌不出声，引得我们都回头去看，他更不自在了，可仍没有一句话。

这样一个男孩，或许在许多人的脑海中只是一个影子，过眼云烟而已，太平凡、太不引人注意是男孩的悲剧。

有些女孩、男孩独树一帜，引起人们的好奇，但是更多的是反感，他们常常被一群女孩、男孩耻笑、诽谤，而耻笑别人的这一群体其实也是可怜虫。这是每个人为摆脱困惑的不同表现：一种不显山露水；另一种标新立异。其实，我们都在人生的轨道上产生了偏差。

但愿我们是本世纪最后一批为书困扰的学子。

绚丽多彩的校园

一片蔚蓝晴空

潘逸虹

窗外一直在下着雨。说真的，在老师的办公室里看雨真是太不浪漫了，何况此刻，我面前的白纸上还写着三个特煞风景的字——"检讨书"，这已是第四份了……

我悄悄回头看了看张老师，嗬，他正在研究我的前三份检讨呢！他微皱着双眉，手指间的香烟冉冉升起缕缕青烟。我不由想起了电影里那些侦探们的特写镜头，难怪班上那群调皮鬼叫他"神探亨特"呢！

面对这第四份检讨书，我已黔驴技穷啦。所有深刻的认识，"痛改前非"之类的话全用尽了，想不到我这个文学社社长也有紧咬笔头、腹内空空的一天。哼，其实认识什么？痛改什么？我也不知道。这个新来的班主任，看起来是个比我们大不了多少的大男孩，谁知竟比白胡子一大把的秦校长还厉害！哼，整整三份检讨了，他却仍毫不留情地皱着眉头说："我要你写得真实、深刻。——重写！"我只好狠狠地咽下口气，告诫自己："冷静些，诚恳些，同'亨特'弄僵了，可够你受的！"

　　窗外的雨似乎又大了起来。校园的草地上积了一大滩一大滩的水，天宇间白茫茫的一片。尽管在雨声中，我却仍听见了有谁在放"小虎队"的磁带："好喜欢看你，坦白眼眸，一片蔚蓝晴空……"

　　一片蔚蓝晴空？那天早上也是在下雨呵！我撑着一把蓝色的小伞……后来呢？后来我见她小心翼翼地抱着书包跑着，像只洁白的蝴蝶——已被雨淋湿了的蝴蝶。后来我不知怎么地叫了她一声……于是她就飞到了我蓝色的小伞下，一脸调皮地笑。我发现，她全身上下湿淋淋的，但那双亮亮的眼睛却一点也没打湿，里面像是一片晴空……

　　也许就因为这，今天张老师把我叫来，严肃地说："我想要请你写一份东西……"说明了，不就是三个字？——"写检讨"嘛！

　　我苦思了一番，艰难地在第四份检讨书上写了起来……

　　"你写得既不真实也不深刻，全是空话，套话，假话！你为什么不照实写？你也是个男子汉，为什么连这点求实的勇气也没有？"张老师不知什么时候站在了我身边，目光很严厉！

　　我感到有什么东西在心中翻腾，尽管我一直在克制自己，但16岁男子汉的心不再允许自己被误解，不再允许自己讨好求全的沉默！我站起来，有力而清晰地说出了让我自己也震惊的话："老师，我没有错！因为从来没有一个时刻，能比在雨中为同学撑起一片晴空，让我感觉那么纯洁、那么坦然！尽管我也曾因她是个女生而犹豫而心跳，但当我把伞举到她淋湿的头上，碰到她真挚的目光，我是从容镇定的，

我第一次觉得自己长大了，是个男子汉！是个称职的班长！"

　　我激动地说完后，沉默地等待着，等待着一场暴风雨的来临……

　　可是，我几乎不相信自己的耳朵，一个充满热忱赞扬的声音在对我说："小伙子，为了你这番话，我等了很久！"当我看见张老师那双明亮、欣喜的眼睛时，我似又看见了一片晴空

　　雨，不知何时停了，校园的草地上露珠闪亮，一群少男少女开心地笑着，他们的头上是一片蔚蓝晴空！

姓方的女孩

刘 鑫

或许是受赵薇的影响，现在的女孩子开朗得出奇，一天到晚叽叽喳喳无休无止，甚至到了语不惊人死不休的境界。就连"南开"这样的学府里，也不乏其人。

"'借我《英汉辞典》用用，可以吗？"她从前排扭过头问。

"没看我正用着吗？等一会儿。"我不耐烦地边回答边查着单词。

"别等了。救命的，快点快点！"她催促道。

"叫叫我三声'好哥哥'就借你！"我大声喊道。本以为这下她一定会知羞地躲开，没想到——

"三声好哥哥！"她说，"行了，现在叫完了，借我吧！"说着一把抢过了字典。弄得我不知所措地愣在那儿，哭笑不得。

她就是方灵鸽，用她的话说，她是一个很"特"的女孩。她的"先进事迹"恐怕也只有用"特"来形容。

很巧，我俩在同一个兴趣小组，学习文学鉴赏。真想不到这种人

竟也爱文学！一天，老师上课讲到古人的名字分为姓、名和字以及号等等。下课后，她也学着给自己起字、起号，还兴冲冲地告诉我，她比古人还多一种名字——小名。然后就死缠着让我猜她的小名。

"二流子！"我不屑一顾地说。

"差不多，不过不对！"她竟然还是微笑着说，"你好好猜，猜对了可以中我颁发的大奖。"

我想了想，方灵鸽，别人的小名都是最后一个字的重复，那她就叫——"鸽鸽！"我喊出来。

"干什么呀，小弟弟！"她学着男声的腔调回答。我方知中了圈套，生气地挥了挥拳头。她却一笑，递上一张白纸，"给，大奖，写作业用的。"

我有时真是佩服她的天真、快乐和潇洒，有时也和她讨教快乐的方法，而她每次都故作神秘地俯在我耳畔，低声说："不告诉你！"

没办法，这个小乐天派就是这样诡异，就连课堂上也要发挥一下。

记得那次语文课前的演讲，她倏地从我前面站起，轻盈地、蹦到讲台。不过好景不长，面对台下射来的几十束目光，她的面容不免带有些恐慌，后来愈演愈烈，最后几乎就要哭出来了。就在这千钧一发之际，只见她双手卷成筒状，冲着台下大喊一声："啊！——"声音高亢而洪亮，清脆而持久。这一惊人的举动倒弄得满座寂然，鸦雀无声。再看她，却很快变了副模样。若无其事地对大家说："这就是我今天演讲的题目——不妨大吼一声。在你受到巨大压力和困难时。不妨大吼一声，你会发现原来自己是那么的了不起。"接着，她又绘声绘色地描述了她个人的一次经历——如何大吼一声吓跑一只老鼠的事。最后以一个深深的鞠躬礼结束了这次演讲。

我真的服了，因为她的爽朗，因为她的可爱，更因为她的格言——最愿意拥有的便是快乐，最愿意获得的便是成功。噢！真的很高兴结识这样一个姓方的女孩。

理科班的女生

刘　琼

　　理科班的女生并不另类，但体味一句友人"与文科班的不可比"之中蓄含的真意，确系一番感慨，却又寻不出答案，就这样秋千般遥遥地荡去荡回。

　　直到一日，自己教室的门没开，无意识地坐进政治班，才真切地感到与本班完全相异的氛围。一位女生迈进教室，清风撩动云发，整个教室弥散着淡淡的馨香，女生们外露或内敛的书卷气，悠然而闲适的氛围是这辈子也休想企望的了。

　　略带凄然地踱回自己的根据地，外语课代表正晃进教室，卷着头发，红着眼睛，提着一袋烧麦。理科班从早自修便开始一天的忙乱，何尝又敢用时间去欣赏一段风景，咀嚼一只鸢影？

　　"理科不是女生的强项，但也有出凤凰的。"这个"也"字听得真不是滋味，还有班主任时常挂在嘴边可以把人逼疯的话"我就怕理科班女同学多，女生读书不好是很正常了。我们那里，读书好的都是男生，女生都是掉在后面的。"于是，从一开始我们便是被一班老师从门缝里窥视的一群。班里等级森严，气氛沉郁，随着化学课的开始，便带走一天的快乐。每遇到难题。班主任的眼光便不自觉地在男生中搜索，一份莫名的不平使自己的思想再也集中不起来，以后便龟缩在前排，不再抬头，长叹显得无力、无尽而且无奈。黯然的虚空，似使一切都丧失重心。

于是，开始真正体会一句"可能世界并不残缺，真正残缺的只是自己，也可能世界并不完美，而我们只能依附于某种缺陷"。

有时，伴自己孤独地走回往昔，发现自己真的变了很多，或者说失去了很多，自负和狂妄早不复存在，恐惧和惶惑竟盘踞了全身心。理科老师所传染给我们的是一种无法企及的颓废和没有理由的自卑，不愿说前途幽暗凄迷，却已无法走出头顶上的一抹灰色。已逝的日子和即逝的日子虽不曾挥霍，但是，到未来，闪现老师们的名言确难离散一份心悸意乱。现实却不会因为是否逃避而成为其他任何东西。有时狂做功课，是渴望成功还是害怕失败？或许都是，也或许都不是，但终将落定于后者。竟学会了多愁善感，忍辱负重，麻木而又敏感，同情心会随时溢出来溅在别人身上，好友笑劝"同情心应该留着给自己"。可能更多的时候，自己更值得同情。

高考逼近，因为惧怕老师们犹在耳际的名言是否应验，惧怕即将到来的某种真实，竟无法再坦然，始终不敢问清背负着这沉重的十字架，在极其不公的条件下去和男生竞争，终究是为了什么？

住校女生

司亚明

　　喧闹声渐渐息了，教学楼上不再有灯光。星星在夜空中闪烁，几片树叶在昏黄的路灯下轻轻飘落。晚自习后。校园又恢复了平日的宁静。

　　"……陈百强还是去世了。唉，再听《义不容情》真有点想掉泪……" "……要是有机会去香港，我一定到他墓前献束鲜花。"迎面走来两个提水瓶的女孩，她们在轻轻低语，这就是我们的住校女生。

　　住校女生是学校里一个特殊的群体，七八个人住一间宿舍，像个没有长辈的家庭。她们是同学，相互间又多了一层亲情，像朋友，更像姐妹。她们同悲同喜，为了听一个伤心的朋友倾诉郁闷，可以半夜起床，绝对够朋友，为了别人的生日 party 甘愿掏自己的腰包。她们还不乏天真，五花八门的玩具娃娃分放在各自床头，那是女孩的标志。每个人都有爱称，它只流行于住校女生中。就像家人唤的小名。

　　"燕儿，又吃上了！减肥操做了吗?"被唤作燕儿的女孩赶快放下

160

啃剩的面包，站了起来。"你还晃，天快塌了！"那边喊。上铺床边突然伸出个脑袋："我枕头呢？"瞧，每天晚上这时总要闹一闹，真过瘾，课堂上的乏味一扫而空。

谈话时有时也会有些骇人的话题。这不，都熄灯了小蕾才跑回来，神秘兮兮的："知道吗？咱们这层楼，文化大革命——吊死过人！""啊！妈呀！"一声尖叫。接着，一阵骚动，一个被窝里钻进了两个人。宿舍突然静下来，静得让人窒息，但只持续了一两分钟，就听到有人轻轻地笑，大家跟着都笑起来，越来越轻松，越来越热闹，恐怖一扫而光。

"吵什么！睡觉！"走廊里传来喊声。这下你明白了，住校女生不是自由公民，有管理员看着：绝对得遵守纪律。

女孩子总比男孩恋家，住上三四天就耐不住了。请假必须班主任签字，怪怕人的，不请假不许回家。可住校的女生们有办法。今天阿檬偷偷回家了，剩下几个就换床睡。熄灯以后，什么也看不清，管理员查房点名时，几个人吵吵嚷嚷，混乱中就有人替阿檬答应一声，这招倒经常奏效。有时候，她们也会故意铺开回家者的被窝，搞成刚有人起来的样子。管理员问："人呢？"有人答："去洗手间了。"然后是热情的邀请："老师，这么晚还不睡呀，吃点饼干吧。""喏，这有瓜子儿。"管理员被这片盛情搞得有些不好意思。没有再追问下去。她转身走出房间，将门轻轻带上。这时，大家脸上都露出了会心的怪模样。

她们中间很多是独生女，却并不因娇生惯养而显得自私、霸道。

绚丽多彩的校园

她们保持着女性体贴、温柔的本色。这两天，燕儿病了，蜷在被窝里，露出苍白的小脸儿。姐妹们不再大声说笑，都主动帮燕儿打水、擦脸，争着把自己的热水袋塞进她的被窝。燕儿在一片温暖中沉沉睡去。朦胧中，燕儿感到一个人无助地狂奔在荒野上。不远处紧跟着一双暗绿的眼睛……她在一阵惊慌急躁中惊醒，没有狼，却看到姐妹们穿着拖鞋，披着毛衣站在她床前。"燕儿，又作梦了，喝点儿水吧。"看着几位细心、体贴的朋友，燕儿默默接过茶杯。悄悄地，一滴泪滑入杯中，燕儿品出的是一片浓浓的爱意。

笑也好，哭也罢，这群姐妹中没有虚假。离开妈妈的日子，她们学会了团结、关怀，用集体的力量遮风挡雨。在大人面前她们敷衍、沉默，有时说谎，在他们中间没有伪装。尽情地发泄吧，有许多爱心跟着你跳动。你有过这种感觉吗？这是友情中的精品。明日我们还会相逢，相拥着再笑吧，可爱的住校女生！

雪地里的守望者

雪　孩

一转眼，冬天又过去了，盼望已久的一场大雪终于没有飘来。

记得十年前，在寄宿学校读书时，有一天夜晚下了晚自习，从教室回寝室的路上，不知说到了什么，我的同桌突然对我说："以后叫你雪孩，好不好？"

她这样说的时候，忍不住为这瞬间跳出的灵感而兴奋不已。后来，我就被好友们称做了雪孩。有意思的是，几乎每个人在称呼雪孩时都用了标准而好听的国语。也许是冬天出生的缘故罢，我竟觉得这名字在一个不知名的地方等了我很久呢。我开始在日记中如此称呼自己，好像这么称呼的时候，眼前就会出现一片银白的世界，人也回复了内心的纯真。

临毕业那一年，班上来了一名从外地转来的插班生，刚巧与我住一个寝室。我们因为住校久了，已磨炼得十分乖巧，而她却没有约束，每天晚上几乎总是熄灯以后，才一个人优哉游哉晃回寝室，问她去哪

里了，回答是一个人在大操场散步。

她喜欢独往独来，走路时常哼电影《罗密欧与朱丽叶》中的一支插曲《我们的时光》，声音细细的，曲调甜蜜而忧伤。有一次我走近她的床头，发现她竟然有许多的"闲书"，而这些书是同龄人那儿极少见到的。我开始接近她，向她借书看。那时我们一些人正狂热地喜爱着舒婷与北岛的书，在笔记本上整段整段地抄写并背诵。我与她也因为对朦胧诗的共同喜爱，走到一起，有了夜自习后的第一次散步。

那真是一个奇妙的夜晚。就像一列火车，启动后竟停不住了，轰隆隆地朝前开。从此以后，我与她一样迷住了校园的夜晚。常常整个晚自习，就在等待它结束后的美妙时光。她开始称我雪孩，并在一个寒风凛冽的冬夜，把她那条纯白的带着温热的羊毛围巾围在我的脖子上。

少女时的友谊，在开始时的一刹那，其实恍如一场初恋，我感觉着新生活的降临。并渴望将自己整个付出。

寒假来了，她将回北方的家中过年。我拿出通讯录，要她留一个地址。她犹豫了一下，还是写了，并附了一句话："信息的线是不牢靠的，不过既然写下来，我便等待着，我那雪孩子放出的，从远方而来的鸽子。当然，不仅是现在，也不仅是等待"。

最后一次离校回家时。我们没有像往常一样地去挤车。而是沿着汽车的线路，足足走了十几站。天有些黑了，我送她先上车。借着车灯，我看到她在拥挤的车厢站稳了，然后对我徽微一笑。我忽然发现，自己已经忍不住涌出了泪水。

回到家，我就开始给她写信，并计算着日子，盼望寒假快点过。我没有心思过年，也读不进书，只有一遍遍念着她卡片上寄来的话时才稍稍安定。"尽管春日百花开，可我的雪孩却要化了。等着我……"

开学第一天，我兴冲冲地奔到寝室，希望看到她早已在里面等我，并责怪我何以来得那么迟。可是没有，从上午到晚上，她的身影一直没有出现。想象中让人激动的重逢的场景落了空。但我依然抱着信心，反正已经等到开学了，早晚会来。可我哪里想得到，一个星期后，从班主任处传来可靠消息，她不再来这儿念书。她母亲坚持要她留在北方，然后在那儿参加高考。

我没有想到，在车站昏暗的灯光下的送别竟成了一场真的别离。那天晚自习结束后，我一个人去了大操场，想静静地再一次体会从前那份美妙的感觉。可才走了一圈，就觉得受不了夜的恐怖与寒冷，逃回了寝室。从此不再去校园夜游。

她后来写信来。说这事连她自己都没有料到。她与母亲抗争了许久，却最终没有拗过。她在那儿改了名字，叫骁戈，骁是勇猛的意思，戈是武器。她一直喜欢鲁迅的作品，也许又在那样的环境里感觉着压抑，所以充满了反叛的精神。她说她怀念这里的一切，一个人的时候，常常读从前的那本寝室日记，并要我跟大伙儿商量能否将这本日记交给她来保存，她一定会好好珍惜。

时光流转，也许有人根本就忘了这本日记，而她却将它视为珍宝。

她给我写信时，依然称我雪孩，可在冬天夜归的路上，却再也没有人用围巾为我挡住风寒。

两年前，她从美国寄来一张照片，照片是在美国白宫后拍的。照片上的她，随意，自然，只是没戴近视镜，眼神显得有些迷蒙。

她要我也回寄她一张小照。我翻遍相册，却找不出一张合意的。正发愁，忽然看到一张自己从前没有寄出的卡片。在蓝色的背景下，一个稚拙的雪孩，正在雪地里痴痴地守望。我想，啊，这就是我。

只是不知，她是否也将那本寝室日记带去了美国？

告别娘娘腔

欧阳伟平

我刚一走进教室，就听见小勇和刚他们几个在哈哈大笑，小勇站在讲台上一只手拢着头发，一只手叉着腰，嗲声嗲声地说："嗯！你把我弄痛了。"我的脸刷地红了，他们见我进来，立即散开了，坐在各自的座位捂着嘴痴痴地笑，"你们，你们……"我气得坐在座位上哭起来。

班长走进教室，"嘀，你们这是唱的哪出戏，又哭又笑。"

"他们欺负我。"我用手指着小勇向班长告状。

"谁叫他不像个男人，好好的跟个娘们似的。"小勇不服气。

我哑了口，"我真的像个娘们吗？"

回到家，我妈迎上来接过我肩上的书包，"浩浩，妈煮了你爱吃的，快去。"餐桌上老妈一个劲地给我夹菜，"浩浩，快吃，冬菜炖肉、鸡……谁欺负你啦，嘴翘得那么高。"

我"叭"地放下筷子，"老妈，你少烦我好不好？"

我离开了桌子，扑在沙发上伤心地哭起来。

绚丽多彩的校园

"浩浩。到底发生什么事啦？发那么大脾气？"妈妈走了过来，用手拭了拭我的额头。

"都怪你，同学们都叫我娘娘腔，都是你，都是你，我不作娘娘腔。"我没好气地哭起来。

学还是要上的，我却害怕见小勇他们。尤其怕听到他们的笑。唉，这苦日子到什么时候才出头啊。

"李浩，走，打篮球去。"体育课时班长招呼我，以往我可不敢去，外婆和姨妈她们的话总在耳边，"浩浩，你别学那些野孩子的样，成天球呀，泥呀，水呀，脏兮兮的，跟个小无赖差不离，我们浩浩可是干干净净，漂漂亮亮的男孩子。"

"好的，我马上就来。"我爽快地答应了班长。

打球可真累人，篮球在那些男孩子的手中就像有魔法似的，一到我手里就像个沉重的大南瓜一点也不听使唤。我气喘嘘嘘地叫，"班长，我不行了。"班长也是一头大汗，冲我扮了个鬼脸，"伙计，顶住，轻伤不下火线。"

打完球下来班长转动着手中的篮球，若无其事地问我："李浩，你觉得打球好，还是和女孩子们跳皮筋，丢沙包好？"

我偷眼看了一下班长，班长也看着我。他的眼里写满了真诚，我快乐地说："当然是打球好啦，咱们都是男子汉嘛。"

班长猛地拍我的肩，大呼小叫地喊："这就对了嘛，男人就得玩男人自己的游戏，跟一群丫头片子玩多没劲呀。"

我惟一不敢走近的是小勇他们，老觉得他们还是心里嘲笑我，小勇是学校足球队的队长，每天下午他们一群人就在学校操场上练球，每次练球都有许多人围观，其中也有许多女生，小勇就像一匹黑马，在球场上左冲右突，来回奔抢，我知道要加入进去可不容易。

今天下午，小勇正带球过人，斜刺里冲来一个队员，飞起一脚向球铲去，球未铲着，小勇却被铲翻在地，全场惊呼，小勇的膝盖擦掉了一大块皮，血正从腿上不断地涌出来。

小勇被人扶到了场边："我没事，你们继续玩吧！"

"算了，你流了好多血，再说人也不够。"

"嗨，你们再找一个补上，不就行啦。"

小勇四面看了看，一眼发现了我。"李浩，你上吧，接替我的位置。"

"我？"我指着自己的鼻子，张大嘴，像个十足的傻瓜。"我不行的。"我急忙摇手。

"你行，我相信你，男子汉怕什么，这点勇气都没有？"

在小勇的鼓励之下，我入了场，整个下午我都踢得十分卖力，我可不能让小勇失望。

"伙计，你还真有一手，以后就当我们的替补队员吧。"小勇拍拍我的肩说完就走了。我望着他一拐一拐的身影，激动得说不出话来。

如今我已升入高中，并且是学校足球队的主力队员，我得感激班长和小勇，要不是他们，我说不准还是个油头粉面的娘娘腔呢。

绚丽多彩的校园

在她的热望里远行

林洪波

刚上高中的时候，我在学习上除了作文比较好以外一无是处，成绩极其糟糕。抱着破罐子破摔的想法，平日里上课的时候我不是旷课逃学，便是趴在桌子上睡觉，粗重而响亮的呼噜声连老师都无可奈何。下课的时候便打打闹闹，或是到足球场上消磨时光。那时我已经完全丧失了进取的信心，只想混到高中毕业后凭一副好身板到部队当兵。灰色阴暗的日子过得格外无聊而漫长。

一个偶然的机会，禾子成了我的同桌。禾子是个很文静的女孩，经常穿一件紫色上衣。她的学习成绩非常好，排在全校前几名。当她把桌子搬到我身边时，我正在伏案大睡。她捅了捅我，我抬起头来，用怪怪的眼光瞅了她一眼，她的目光里满是善意。我站起身来，帮她把桌子摆好，而后又开始睡觉。她发出一声轻轻的叹息。什么也没说。

与禾子同桌的日子里，我依旧索然无味地消磨着时光。禾子经常用一种奇怪的目光盯着我，好像有话要说，但是始终没有说什么。

后来一次综合考试，禾子门门是优，而我除了语文是优外，其他的功课全亮了红灯，考得一蹋糊涂。我的心情也如同糟糕的成绩一样糟糕。我把成绩单和试卷揉作一团，塞进桌洞里，伏在桌上开始睡觉。不料刚一会儿便被人捅了起来，抬头一看，是禾子，她递过来一张字条。我疑惑地接过来，上面写着：同桌，你成绩固然不好，但也要好好珍惜你自己。我听别人说过你想去当兵，为什么不去拼搏一番，用自己的努力去考军校呢？你的最终目标不应是一名士兵，而应当立志去当一名将军，你有巨大的潜力和优势，我相信自己的眼光。同桌，你不知道我多么羡慕你，虽然我有优异的成绩，但因为视力差我却无法去圆一个多年的军校梦。同桌，我希望你能珍惜自己，努力去圆你的军校梦，好吧！学习上，我可以帮你……

读着那热切的话语，我的心里热热的。是的，我也有自己的优势，我为什么如此耗费自己的青春和生命？我为什么不去圆我的军校梦？我为什么不立志当一名将军？我抬起头来，禾子正看着我，目光里是一种热切的期待和信任。我把字条小心地折好放进笔记本中，然后冲她点点头。禾子笑了，很高兴的样子。

从那以后，在禾子的帮助下，我开始努力拼搏和奋斗。在禾子的热望中，我曾书山题海，我曾披星戴月，一步一步地走近我的军校梦。

金秋时节，一纸鲜红的烫金军校录取通知书飞到了我的手中。此时，禾子也以优异成绩考上了全国著名的重点大学。她走的时候，托人转给我一个信袋，信袋里只有一张照片，照片上是辽阔的大海和高

绚丽多彩的校园

远的蓝天。望着那张照片，我豁然明白了禾子的苦心，那片紫色成了我永久的记忆。

坐在海边，望着波涛起伏的大海，我的心也汹涌澎湃起来。我感念那段被禾子热望的岁月，我深知，我脚下的路还很长……

淡淡的雨季

万佩凤

高一开学的那一天，阴雨连绵，我拿着饭盒急匆匆地往楼下走，准备送到食堂去。没留神，在楼梯弯处撞到一个人身上，我的饭盒和那人的雨衣都掉在了地上。

"你怎么走路的？"我嗓门大得连自己也惊奇。那人大概被骂傻了，一声不吭，等我拾起饭盒，抬头一看，一对睁得大大的眼睛正瞪着我呢！我脸一红，不好意思地从他身边飞快地溜走了。

接下来的日子，我发现几乎每天在放饭盒的路上都可以碰到他。我朝楼下走，他朝楼上走，显然他是高三的。他大概早忘了发生过的事，走起路来目不斜视，可我每次总忍不住朝他看，一种怪怪的感觉在心头滋生着……

渐渐地，渐渐地，雨季来临了。

那一天放学，我独自走到车站，雨正下大起来。我没带伞，只能躲在站旁一个屋檐底下，可屋檐实在太窄，我还是淋湿了。一阵风吹

来，我禁不住哆嗦了一下。忽然，我觉得似乎哪儿不对劲，出于一种女孩子的直觉，我偏过头去——一对睁得大大的眼睛正瞪着我，满怀诧异。我感到自己好窘好狼狈，只得再次低下头。慢慢地，我感到那个身影在向我靠拢。我不知道他要干什么，我也不敢抬头看他。

雨点小了，一把伞，一多半罩住了我，帮我挡住了那向我打来的雨点……看着这个就在我身侧的男孩，这个仿佛不经意地把伞换了个方向的男孩，这个仿佛不经意地把眼光投向站牌的男孩，我感到自己的心跳得厉害，我感到自己的脸颊在发烫。沉默。平静。我的心真的沉默，平静吗？我不知道，也不想知道。我只知道在我 16 岁的生命里，有了一个我永远难忘的故事。

男孩比我先下车，我至今还清晰地记得那下车后的一瞥——那依然是仿佛不经意地向着车窗内梳辫子女孩的一瞥。男孩羞涩的眼神刚一触到，他就迅速掉过头，走了。

没过多久，就期中考试了，我发现要再碰到他，似乎就难了。

直到接踵而来的那个初夏，在学校走廊的橱窗中看到那个熟悉的脸庞出现在光荣栏时，我才知道他已经被保送到一所重点大学了。一种莫名的感觉使我忍不住想哭。拿着外语书，走进小花园，可生平第一次，课本中出现的不是单词，而是……

我永远难忘那个多雨的 16 岁，那个雨季中没有结局的故事。

零 分

胡纯琦

中学时住校，每晚总聊到零点才睡觉。

这天晚上刚上床，突然停电了。黑漆漆的寝室里显得更加活跃，不知是谁的提议，大家开始给全班女生逐一打分。寝室8个人，除老大做计分员外，其余7人都是评委。评委们从各位女生的相貌、身材、声音、性格、气质这五个方面去综合考虑，给出自己的分数，然后由计分员算出平均值作为该女生的最后得分。

十六七岁是个向往完美的年龄，处在这个年龄阶段的男孩女孩们在评价自己身边的异性时往往很挑剔，再说谁好意思给某个女生打太高的分呢；因此女孩们的得分都不是很高。总分是10分，一般也就能得个六七分。轮到给琪评分了。琪是班上最漂亮的女孩子，成绩也好。她待人既温柔又大方。一脸甜甜的笑总让人有种如沐春风的感觉。

大家给琪的分数果然不低，有两三个甚至给到了8分以上。

最后只剩下峰了，老大不耐烦地催促峰快报分。

绚丽多彩的校园

大概过了两三秒钟，静悄悄的寝室一角突然响起峰果断的声音：零分！

寝室里一阵骚动。大家都有些失望，琪在这群男孩子心目中的地位是显而易见的。

老大留下了一个缓和的余地：峰，你可以再报一次琪的评分。

峰沉默了一会儿。最后还是说：零分！

老大算出了琪的平均分：5.8分。还没及格，琪得了全班女生的最低分！

寝室里气氛突然陷入了低潮。大家马马虎虎地评完了最后几个女生，早早地便都睡了。

谁也没料到。寝室里不知哪个缺德鬼把这件事儿向女生们告了密。女生们有的愤怒万分，有的喜形于色，只有琪趴在桌上一动不动，过了一会儿，她放声大哭起来，肩膀一颤一颤，很是伤心。

琪的哭声引来了班主任，了解了全部事实真相后，他把所有住校男生狠狠训斥了一顿，并责令老大和峰当众作检讨。

平时总嬉皮笑脸的老大作检讨时竟然羞答答的。一向有点腼腆的峰那天显得颇有些滑稽，他看上去一副很严肃很诚恳的样子，站起来缓声念道：昨天晚上我们给全班女生打分，我给米琪打了零分，这是不对的，以后一定改正……

听他这口气，好像是说要给琪打分高一点，就没什么不对似的。全班同学笑得前仰后合，都差点背过气去。

连琪也忍俊不禁，抿着嘴偷偷地笑了。

打这以后，琪和峰就一直不说话。

这种僵局一直维持着。

再后来，两人都一直不停地拒绝着一个又一个追求者。有一天琪向峰提出了一个在心底压了好久的疑问：你为什么给我打零分？

峰一下子回到了难忘的过去，说：那时，我好害怕，好害怕别人知道……我喜欢你！

绚丽多彩的校园

掌声响起来

郑小龙

这是一个晴朗的日子，一份神秘的奖品飞过大洋彼岸，落到高三（四）班阿华的手里。

同学们似乎都有点儿不相信，居然真会有从美国寄给阿华的奖品。连阿华自己脸上也布满疑云，拆包裹的手有点儿颤抖，泄露了阿华内心的兴奋和激动。

这个礼拜天，阿华迫不及待地把奖品捧回家。走进那个破旧而幽暗的家，阿华在厨房里找到了老妈。

"老妈，你看这个！"

"什么东西？"老妈直起她那早累弯了的腰。一本用英文写着阿华获国际中学生英文作文大赛二等奖的证书，展现在老妈面前，如雪亮的太阳般照亮了幽暗的厨房，照亮了老妈那布满皱纹的脸庞。

老妈抚着这珍贵异常的证书，一如抚摸着逝去的往事。

还是在阿华 4 岁的时候，老爸就去世了，留下他和老妈、哥哥相依为命。那是一段灰色的日子，老妈一个人靠耕几亩瘦田，养几头母猪挣点钱，维持这个风雨飘摇中的家。

在少年的阿华心中重重地烙着羞辱的是一年一度的外公生日。贫困的老妈竭尽所能，备了丰厚的贺礼，回娘家贺寿。阿华也穿了自己认为最好的衣服去见外公。势利的大舅妈不愿和这贫穷的一家子吃饭，知道他们必须在天黑前赶回家，便故意等到很晚才煮饭。老妈只好饿着肚子拉着阿华回家。

在路上，老妈哭着对阿华说：

"孩子，你一定要用功学习，将来为妈争一口气！"

就是这雾霭苍茫里的一句嘱托，便在阿华的心里扎下了根。

在学校，阿华是勤奋守纪的学生，各科成绩都名列前茅。小学毕业那年，他以全校第一的成绩考进了外语学院附中，而这样的荣誉在他所在的学校还是破天荒的第一次。

阿华总是这样对自己说："你是铮铮铁骨男子汉，你必须站直了，挺起腰！"

在外院附中，有一个优美如画的学习环境，阿华似乎没有心思去欣赏美景，他把学习计划安排得细致周密，从不浪费时间。

学校给每位同学订的《英语学习报》，不是每个同学都看得很认真。但阿华却把这份小报看了一遍又一遍。初二那年，全市举行中学生英语大赛，觉得自己水平不错的阿华却以一分半之差被淘汰掉了。

从那时起阿华开始阅读《新概念英语》。《新概念英语》是英国成

179

人教材。对初中生阿华来说很难懂，但他却看得十分认真。碰到新单词，新语法，他就查字典，问老师。那时，他的英语老师也在阅读"新概念"，不过比他多念了三册。

在饭堂排队打饭，阿华愣愣地站着，队伍在面前脱了节，后面有人推他，他才从英语单词、句式中回过神来。

他开始第一次用英语去思维，构思一篇以和平为主题的文章。尽管那时学校课程还没有"英语作文"的课程。

他拿着有许多病句的文章去请教老师。在老师心中，仍然不相信一个中学生的能力能登上国际竞争的领奖台。但他被眼前这位勤奋执著的学生的追求所感动。他是那样认真地替他修改病句。然后给予热情的支持和鼓励。

三个月之后。奇迹终于出现了，阿华以第二名的成绩获得了优秀大奖。

接到获奖通知的那一刹那，阿华高兴得想对着蓝天大叫，他的第一个愿望就是回家，把这个消息告诉老妈和哥。

如今，那珍贵的证书被阿华的老妈供在家中。阿华正在加倍努力，他的人生历程还有许多更辉煌更灿烂的目标。

高三职业病

王亚璞

静坐在书桌前，我将台历翻到卢沟桥事变纪念日——7月7日。在上面狠狠地打了个"x"。我很难想象那天的我会是个什么样子。不觉信手一翻，7月25日，这个日子好熟悉，我迅速地在大脑中搜寻着。1894年7月25日，中日丰岛海战；1943年7月25日，意大利发生政变，墨索里尼垮台；1946年7月25日，人民教育家陶行知逝世。好像还有什么事。噢，差点把本人的生日忘了，那一天我就17岁了。17岁——雨季，多么浪漫！不好，去年考上大学的姐姐似乎就在这一天领到她的成绩单的，只恐怕我的17岁真要泪如雨季喽，我暗暗地想。恰在这时，正在厨房的妈妈喊道："天都黑了，还不开灯？"电灯，哦，自学成材的发明家托马斯·爱迪生在1879年制成了耐用的电灯泡，不久电灯开始代替油灯用来照明，我一边开灯一边想。

刚做了几道英语题目。妈妈又喊道："开饭了！"我忙合上课本和《高中英语复习题精选》，扯过毛巾象征性地擦了下手，跑到客厅。"你

绚丽多彩的校园

吃煎饼还是馒头？"妈妈问。"Eidler（两者中的任何一个）。"我不假思索地答道。"你说的什么？"妈妈又问。我这才想起妈妈是教数学的，不会英语，忙改口说："随便。"接过煎饼，我一边大口吃着，一边听着新闻（高考政治中时事政治占10%）。收音机传来"……无视我国采取各种行动，单方面要实行经济制裁……""砰！"我禁不住拍了一下桌子："这完全是霸权主义和强权政治。'民不畏死。奈何以死惧之'。鲁迅先生告诉我们：'不在沉默中爆发，就在沉默中灭亡。'我国始终不渝地奉行独立自主的和平外交政策，促进世界的和平与发展是我国对外政策的……"我正在慷慨陈词，忽然发现爸爸看我的目光有点不对头，忙停了下来。只听收音机继续广播着："我国决定实行反报复……""大雪压青松，青松挺且直。"不过我没敢大声说，只是在心里自言自语。

新闻广播完了，饭也吃好了，正准备走，只听妈妈问爸爸："今晚有什么节日？""《三国演义》。"爸爸漫不经心地答道。我听到"三国"，不由自主地停下脚步说："公元220年，曹操的儿子曹丕，废汉献帝，自称皇帝，国号魏。公元221年，刘备在成都……""你是不是得了什么病？"爸爸终于忍不住了。"得病?! 有可能，是'霍去病'，不对不对，霍去病是汉武帝派去攻打匈奴的将军。我得的是……是'高三职业病'。"我一边说，一边飞也似地逃回我的小屋。

梦中的纸鹤

廖静冬

那时候，风上高二，雨上高一。

雨是琼瑶小说里走出来的女孩，偏爱着淡紫色。一条淡紫的裙子，一副淡紫的耳环，一条淡紫的丝巾，就构成了淡紫的雨，这样一身淡紫，再配上那白亮亮的肌肤，让雨显得清雅孤傲。雨那淡紫的短裙飘动起来简直是一个令人眼花缭乱、目不暇接的世界。雨成了校园一道独特而靓丽的风景。

风记不起是什么时候开始注意雨的。只知道上完晚自习后，总看见走在前面石子路上的雨，大概雨也不在学校留宿吧！望着雨那淡紫的丝巾随着飘逸的发丝有节奏的挪动，风真有种心动的感觉。终于有一天他们并排走到了一块。风和雨就像汪国真那首诗里描绘的一样彼此微笑着，只轻轻地说了句："能够认识你，真好！"

往后的每个晚自习后，他们总是默契地走过那段长长的石子路，畅谈人生、理想、事业。在那个无星无月的晚上，风向雨倾诉他的家

庭。风说，在他两岁的时候，母亲便离他而去，父亲对待他们四个孩子不是拳打就是脚踢，只是仅仅习惯了无言……说完这一连串的话后。风忧伤的泪水如夏季的河水泛滥成灾，将雨的心深深淹没……

接着。风面对的是紧张的高考。父亲依旧不支持，连每次回家要点考试资料钱都要将他痛骂一顿。风很想放弃这场高考，想去流浪，或者去看一看大海。然而这时，雨开始了每一天送一只紫色的纸鹤给风，"有志者，事竟成！"每一只纸鹤上都写着鼓励风的不同言语。这一切，给风增添了莫大的信心和鼓舞，也让风有种莫名的感动。为了雨，为了雨所做的一切，他知道他不能辜负那份良苦用心。

一直到高考结束。风收到了九十九只紫色的纸鹤。风知道，九十九所代表的内涵。

终于。风以优异的成绩考取了一所重点大学。去学校的那天，风送给雨一串硕大的风铃，围在风铃旁边的是雨送给他的那些紫色的纸鹤。"我将在那所学校等你！"雨眼睁睁地看着风握着她的手。这一握，握到两颗心碎如刀割，握到月落乌啼霜满天。

当雨知道风在学校为救一个落水的同学，而自己再也没有浮上来的时候，那天，天空正飘着细雨，恰似雨心底的泪，泪流不止……

夜里，雨梦见了天堂里的风。风正对雨微笑着："看。紫色的风铃响了！"雨回过头，转瞬那些紫色的纸鹤展开了美丽的翅膀，迎风飘舞，开始了轻轻地歌唱！

小树林的神

赵振华

16 岁那年突然发现。离学校百步之遥的小树林是个值得留恋的地方。

常在晴朗的早晨早早爬起，胳膊底下夹着两三本书，踏着尚未褪尽的夜气踱到小树林，选一个石凳坐下，拿起书轻声朗读。一层薄薄的青雾在林间浮荡着，穿过树梢，在花草间，在书页上悄然流动，时而被翻动的书页惊散了，于是打着旋又向别处飘走了。

把书本合上，什么也不干，只是静坐，思绪虽然沉浸在书中，大自然却把这种遐思由近推向更远更深的地方。地面上小虫的嘶鸣，林间树叶的沙沙声，间或一两只不知名的鸟儿在宛转地唱着歌……自然界有个精灵悄悄地行走着，像是一位老人在用慈祥的目光注视着我。又像是个天真纯洁的顽童在好奇地打量人。仿佛有人总在自言自语。却不与烦扰。

可这种难得独自享受的片刻宁静最近被另外一个人打破了。今天

绚丽多彩的校园

185

我又看见了她，一袭长发的身影。在黝黑的树丛阴影之中，她那坐在一块大石头上的身影显得很是羸弱。她的眼睛总是低垂着，偶尔拾起头注视着眼前的灌木林，远方的池塘，黑亮的明眸似乎隐含着一丝忧郁。

她刚来我们班没几天，我只知道她的名字，至于她从何处来，家境怎样，却无从知晓。她总是一个人独处，静静地，很少与人说话。如今她坐在那片树丛中，沉静得就像她周围的小草，任风吹拂她的秀发。她大概有着许多许多的心思。是不是在回忆久远的往昔，还是在想象着希望的未来？或许她还有什么不快，或许她会跟我一样，其实什么东西都不用去想，任自己的情感停留在林中的每一片叶子上面，随风来回荡漾，静悄悄地划着时间的轨迹。也许心中还有一个远方朦胧的概念，几乎所有的冥想都会凝注在其间。她似乎察觉到我一直在注意着她，突然长发一飘，抬起头瞄了我一眼。她的眼睛很大很亮，像一道奇异的流星闪过我的心底。我慌忙把目光收回，这才发觉脑子里的东西在不知不觉中变得很零乱，多少天保持下来的平和心境顷刻间化为乌有。我的手下意识地翻弄书页，翻得哗哗作响。当我再次抬头望她时，发现她也在偷偷地留心我的一举一动。此时此刻，她能理解同样一颗年轻的心会像关在笼中的小鸟一样，渴望长大，渴望成熟，渴望挣脱这有形或无形的禁锢吗？唉，真想把这串儿想法一古脑儿全讲给她听。

高中整整三年我都和她同班，在班里我和她为了班上的事偶尔也会讲几句话，只是从不曾提及小树林。而在小树林里遇着也不曾打个招呼。远远地，她在那边看书或沉思，我在这边看书或沉思。像是有某种默契，我们流动的目光经常不期而遇地碰在一块。虽然接下来会马上分开，可这种心底独特的交流、理解的情感也许只有我和她相知吧？

有一回听说她的一篇文章在某一刊物发表了。当我特意把那篇文章找来看时，猛吃了一惊，她写的可不就是小树林里的事么？多么熟悉的氛围啊，多么相似的感受！我仿佛重新置身于那迷人的小树林中，眼前是她一袭长发的身影和黑亮的眼睛。

第二天，我在那片小树林中和她相遇了。那天阳光明媚，不知名的花吐着阵阵清香，一对百灵鸟愉悦地啼叫着，风儿正轻，很有几分画意。我终于打破了彼此间的沉默："你怎么观察到人的内心世界呢？"

她看了我一眼，没说话，掏出笔飞快地在纸上写着，写完塞到我手上，转身走开了。我一怔，不知如何是好。这张纸条我至今还保存着，上面潇洒大方的字迹这样写道：小树林里有神，请不要打搅他们，好吗？

转眼就毕业了。同学们各奔东西，听说她考取了外地某个大学，从此杳无音讯。而那片小树林呢，如今再也看不见了。已被夹进了记忆的扉页。我之独处，乃是为了我心中的一份真情。

朋友们总是戏言。追我的男孩子有一个加强连。谁也不会相信，独处的时候我黯然神伤。其实我心里挺羡慕人家卿卿我我，其实我身

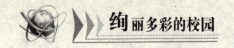

边亦不乏好男孩，可真情未来时我宁可独处。

独处自有独处的妙处。

独处使我得以静静地回味该说的或者不该说的，该做的或者不该做的。——清晰如画。许多不可多得的人生品味溢然其间，风风雨雨四年，我终于没有愧对光阴，这是我引以自慰的地方。

独处如使我寰想，编织一份流浪的情怀，千里迢迢去寻找我的他，不管成功与否，可贵的是真情，可贵的是经历，可贵的是一份执著的追求。

女孩天生有一种依赖感，喜欢寻得一份安慰和支持，有人谓之"女萝"、"菟丝"，即取其缠绕大树依大树扶持之意也，而独处却逼得你去独自直面人生，独自去解决一切难题，于不知不觉中培养了一份自生自强的能力。我们为什么就不去独立做一株大树呢？枝叶婆娑，花朵满树，是真正属于自己的一份自豪。

独处同时还使我超脱。独居一室，杳无人语，而户外车马喧哗。这正是一个隔与不隔的世界。记得有一次在湖边漫步湖的对面是小食店，人声鼎沸，觥筹交错。湖的这边却只有形影相吊，一湖之隔，缥缈恍惚两个世界。此时的内心体验实不可言说。又记得少年时曾在小镇大街上和着车声人语走路，画面清晰而生动，此时便有超脱尘世之感。自然，所谓的超尘脱世，乃禅家之言，我不是出家之人，但能于尘世中求得一时的解脱，身心俱宁，也不失为人生一大乐趣了。

对 手

罗 蕊

好像是老天爷故意安排似的，他又和我分到了一个班。他在两年前就是我的对手了。你不要误解，这可是学习上的对手，不是打架的对手，论打架，凭他那五大三粗的样子，不把我打得稀哩哗啦才怪呢。

两年来，我和他明争暗赛，仍然是旗鼓相当，中间虽然有一些不是我败就是他败的情况，但大体上还是平手仗。他努力学习，这不，我一抬头就能看见他家窗户里的灯又亮了半夜。哼，明儿问问他，看他说不说实话。第二天清早，我和他一起上学，路上，我试探性地问："昨晚又'开了夜车'吧?"他脸上马上现出痛苦的表情，说："昨晚我头疼得厉害，不要说'开夜车'了，我一连挨了三针。"哼，又在说谎，演戏演得像得很呢。为了打败对手，双方都采取了"麻痹敌人"的策略这种情况已经持续两年了。现在已是初三，他还是那么不老实。哼，"量小非君子，无毒不丈夫"，你骗我，我也骗你。我说："唉，我昨晚头有点疼，老早就睡了，哪像你，体壮如牛，精力充沛呀!"他听

绚丽多彩的校园

了显然不相信，我可管不了这么多，把自己的学习搞好要紧。

在初一、初二时，我们平分秋色，可不知怎么搞的，到了初三我总是仅以一分之差而屈居他下。于是，我在愤慨之余对他就有点嫉妒，这可是正常现象，你可不要对我有成见，换了你恐怕也会的。记得有一天上午，我到班里时，一眼就看见他身边围了一群请教问题者，我一看见，心里就来气，挤到他面前。我和他是同桌，我坐里边，要是往常，我一来到他面前，他就触电似的站起来，让我进去。可今天例外，我到他跟前，他一动没动，仍和别人讲问题。我本来就有气，这一来更是怒火中烧，几乎喊了起来："劳驾！请让一让，让一让好吗！"他一听，发现是我，顿时脸上通红，一直红到耳根，立刻站了起来，让我进去。四周一片议论，我不管这些，赶紧掏出作业本写起作业来。可没多大一会儿，就被一道题卡住了，我绞尽脑汁，也没理出个头绪，演草纸用了一大堆，还是攻不下来。我停下笔，努力使脑子清醒一下，一转头，看见他已把那道题作了出来。问他？哼，我才不干呢，我非攻下它不可。我正想再算算，他那温和的声音传来："用切割线定理。"我的思路豁然开朗，抓起笔，不一会儿就把那道题拿下了。我朝他投去感激的一瞥。他正在朝我微笑。"谢谢"两字已到了嘴边，又被我吞了下去。放学临走前，他突然塞给我一张纸条就跑开了。我疑惑地打开一看，上面写着："我们之间除了竞争分数，难道就没别的什么了吗？"我望着他远去的背影，心里说不出是什么滋味。

弹指间，紧张的初三生活已经结束了，中考考试的成绩公布了，他考上了外地的一所高中，我考上了本地的一高。他临走的那一天，我送他，他满脸真诚地对我说："愿我们三年后仍是对手！"我使劲儿点了点头，泪水模糊了我的眼睛。终于，他上了火车，火车像一堵无情的墙，把我和他隔开了，我呆呆地看着他那只挥舞着的手臂随着火车的前进越来越远、越来越远……

绚丽多彩的校园

高老先生

黄　凯

年轻的老师和学生称他高老先生，说他学识渊博，个性十足，具有超脱世俗的一种——"俗"，说到底还是俗，与众不同的俗。

老教师称他"喂"，说他不正经，很缺乏师职人员的气质和风度，但又不得不承认他肚子里全是春秋。

他叫高鹏举，因为岳飞也是字鹏举，所以他对自己的名字很满意，常有事无事就唱怒发冲冠，凭阑处，潇潇雨歇……后来电视上播了《傻儿师长》以后，他就不怎么太得意了——剧中主人名叫樊鹏举，人称樊傻儿。

高老先生年近四十，仍是个快乐的单身汉。他的观点是教育家应以教育事业为妻，言语之外，就是老师要打一辈子光棍儿。看着身陷油盐酱醋之灾的肖老师，他深感万幸，独身一人，自己吃饱便天下太平，实在妙哉！家中没有女主人，多了份自由，但也使高老先生养成了许多坏习惯。首先便是抽烟，整个办公室仅他一个人抽烟。其他老师当"林则徐",竭力禁烟。他便舌战群"林",大唱"李白斗酒诗百篇,老高千字一包烟,被动吸烟美似神仙"等等,气得大伙无话可说。于是众"林"退一万步,在他吸烟时大开窗门,让烟雾向外缭绕,他的"千古绝唱"便传遍全校。其次便是喝酒,他酷爱喝酒,爱得之深,即使你举枪对准他说再喝就要你的命,他也会毫不犹豫地举起酒杯。他喝酒的酒杯很特别,喝的是"二锅头",用的是啤酒杯。那杯子大得曾经让来他家吃方便饭的杜老师吓得拔腿就走。不过他酒量很好,从不贪杯误事。第三便是邋遢,衬衣领子常常是黑得发亮,他说他爱穿白衬衫,但大家常见他穿的是灰黑色的衣服。他屋子里很乱,墙上、天花板上挂满了他自己创作的漫画、摄影照片、肖像画等等。地板上铺满了杂乱无章的纸张。书柜里堆满了文集、通史,床上睡着的是书不是人。但这些书不很珍贵,好的书他都珍藏在另一个比客厅还大的书房里,那个书房倒很干净,有几个很考究的书柜。里面的书有的很难看到,甚至有些是宋朝和清朝的版本。这间防盗再高明的贼也进不去。

高老先生很会写文章,是省作协的会员。他不仅写杂文,还写散文和诗,很有个性。我敢说,只要清醒着写的文章足以愧死托尔斯泰和莎士比亚。无奈,他写文章时不是抽烟就是喝酒,从来没有清醒过。所以,大家至今都称他"高老先生"或"喂",没有人叫他托尔斯泰和莎士比亚。高老先生学问不浅,他完全可以胜任初中的任何一门学科,曾被评为市里的优秀教师和全能教师,但因为他爱抽烟,老洪不让他

进教室，叫他到教务处当主任。他不干，跟老洪辩了一场，大获全胜，乐颠颠地到初三教历史去了。他教历史就像讲评书，有味道。学生很爱听，学得也很好，市教委知道了，强行要把他调到另一所省重点中学教书，老洪急了，到市教委去评理。高老先生也是"士为知己者死"，教委只好作罢，他现在还在教历史。

最近他得了肝炎，住了两次院，学生停了几天课。他说他要戒烟了，不是为了自己，而是为了学生。

"老 乐"

林 菁

责任是爱和道德的花束。把生活装点得五彩缤纷。

"老乐"是我们班的调皮鬼，又是我们班的热心人。灯不亮，不用喊，"老乐"就会纵身眺上桌子去鼓捣。门窗坏了桌子坏了，第二天准会被修好，不用问——"老乐"干的。

"老乐"就坐在我前面。开学了，我被选为班长。"老乐"油腔滑调地说："嘿！哥儿们，从今以后我们都成为女皇陛下的臣民了，而且她的眼睛还比我多两只呢！"说着还用手做两只眼镜的样子。"讨厌！"我心里暗暗诅咒。

有一天，我妈病了，爸爸又不在家，我急坏了，连上课都没精打采。"呀！女皇怎么啦？女皇有啥事，卑臣万死不辞。"看他那样子真是哭笑不得。后来，他知道我妈病了就来帮我做家务，给我讲笑话。猛然间我感到了我们之间的距离缩短了。

从此以后，接触多了，我对他也就见怪不怪了，倒觉得他爱说爱

绚丽多彩的校园

笑，有趣味。于是，送给他一个雅号"老乐"。

雷声隆隆，大雨倾盆。我忽然看到了一个瘦小的身影在大雨中晃动。走近一看，原来是"老乐"呀！他弯着腰，卷起裤脚，一只手在水中摸索着，全身都湿了。"'老乐'，你在这儿干啥呀？"我笑着说。"是不是丢了什么宝贝了？""我想弄通地下水道。"他头也不抬，依然不停地摸着。我听了急忙说："我们一起合作好吗？"他俏皮地说："你帮我撑伞，我干活，这不就是合作了吗？"

"摸到了吗？"

"Yes，Madame！（是的，小姐）"

水道通畅了，他脸上露出了笑容。

"老乐"就是老乐，牛脾气特倔。由于他经常和我在一起，别的同学总是指着我俩说："真是一对儿。"弄得我见到他也不敢打招呼，但他倔犟地说："我就不信男女之间不能建立纯洁的友情。"他用他的实际行动向大家表明男女之间是有纯洁的友情的。

"老乐"有一股男子汉的气魄，但他也有害羞的时候。

有一天下午，全体团员和申请入团的同学留下来打扫教室。几乎全班的同学都留下来了，大家都积极地干活。忽然，我看到"老乐"站在教室外的拐角处，还不时地探头望望。奇怪，今天他怎么啦？他看到我不好意思地低下头。我故意大声

那晚，海诺伤心地哭了，揪心的哭声确实带走了我所不需要的眷恋与缠绵，但它也同时带走了真挚的友谊，拆散了心与心之间架起的

桥梁。我不知道自己的回绝是对还是错，16 岁的我无法勇敢地去面对她而高挂免战牌。我曾经扪心自问："我懦弱吗？我胆怯吗？"但我又一次一次地回答："不！我理智，我坚强，我不屈服于情感的束缚。"

坐在空无一人的平台上，体味着风给予的美妙感受……

突然间，喧闹的操场融进一个我所熟悉却又陌生的人。棕红色的头发在阳光的映衬下显得格外引人注目，这已经不能使我感到惊讶与茫然，一身所谓的休闲装，酷似中国男模胡兵，高高的个儿在人海中显得鹤立鸡群。说句实话，明皓的自然感觉真是不错。对于考大学，他又似乎如此轻松，现在，每当我站在他的身边，总觉得一种陌生的恐惧。他是与我称兄道弟的明皓吗？以前的理科王牌现在连考个及格都很困难。这是明皓吗？七年前，当我们刚刚踏入这个校园，明皓的平头，大眼镜，蓝线裤，一张虎虎有生气却又稚气未脱的脸仍记忆犹新，我俩玩耍嬉戏的情景仍历历在目。可现在，我们很少有机会去交流与沟通。我有满腹的话想对过去的明皓去倾吐，他却是没有闲功夫听我说这些的。

回家的路上。夕阳的余晖像一条大大的、薄薄的微黄色的地毯铺满了大街小巷，但是，我却似乎不属于这幅《夕阳余晖图》。今天，也许是我 18 年来最不快乐的一天。我渴望生日的祝福。渴望掌声与喝彩，可今天什么也没有。余晖隐没后，只有这凄凉的风和隐藏于夕阳之后的南国冬雨。

但是，不久雨就停了……

"67072。"

"先生，67072 关机了。"

寻呼台小姐的回答证明明皓不想有人来打扰他宝贵的娱乐时间，他一定踏着风火轮驰骋在滚轴溜冰场上。

如果说我对海诺的陌生，是由于朦胧的依恋所导致的友情危机。那么对白萧的陌生则是由于短时间不可弥补的差距，是由于她表现出的平淡与坦然。当莘莘学子在汪洋中争抢救生船的时候，我们的白萧却已经早早登上了心驰神往的绿洲。交大的书香定会滋润她，使之羽翼更为丰满。我衷心地祝福我的朋友白萧。然而她平静异常。没有了少女兴奋时的手舞足蹈，没有了我想象中的那般疯狂。

"喂，白萧，你怎么了？"电话一头的我好奇万分。

"谢谢你的祝贺。"这是她的回答。

放下电话，我凝视窗外许久，黑暗笼罩的工地像旷野一样显得威严，又像茫茫的沙漠，让我在陌生的环境中拥有干涸

呼呼的北风伴着漆黑的夜，我问苍天。海诺，明皓，白萧和我，曾几何时，我们像帆与橹一样地维系，共同分享快乐，共同分担忧愁。而现在每个人似乎都有自己的游戏规则，在游戏之后脱胎换骨。只有我一无所有，在无边的题海中遨游，在空虚与迷惘之中等待第二天的黎明。

真希望这是一场梦。梦醒时分，我能再次拥有……

信　任

黄文倩

回到家中，已经疲惫不堪了。我甩下肩头的书包，倒在小床上望着天花板出神。我口渴极了，全身的骨头像散了架似的。这时。妈妈端来一杯凉水给我："怎么啦？""没什么，只是有些累而已，别担心。"我喝了口水，重新打起了精神。

玩够了，我把书搬到书桌上。书桌已比昨晚上整洁多了，显然妈妈已经帮我清理过了。桌子正中，还摊着一个本子。我凑近一看，吃了一惊："我的日记怎么是翻开的？"下意识地，我看了看妈妈：她正在厨房忙着，不时传来锅碗的碰撞声。

我坐了下来，细细地想："昨晚我没关日记吗？不记得了，桌上乱七八糟的，也没注意。难道是妈妈翻开的？莫非……"我越想越恼火，可心中另一个声音对我说："不可能的，你应该学会信任。"正在我犹豫不决是否该问清楚时，一个念头从脑际闪过——

夜深了，我将日记本摊开放在乱糟糟书桌上，在两页纸的背面贴上了透明胶，只要一翻动，或多或少都会把纸撕破。试了试，不错。这才熄灯上了床。

第二日，我回家有些晚，妈妈问我去哪儿了，我出奇的冷淡："没去哪儿。"仿佛已经认定妈妈看了我的日记似的。我的心在颤动，我的头脑乱极了，我猜测着结果。

结果，什么也没有。桌子仍旧整洁了许多，而日记本仍旧摊开着，没有一丝破损，胶也粘得牢牢的，以至于我扯下时撕破了本子。我的手不停地颤抖着，我后悔了。刹时，我觉得自己好愚蠢，好傻！我竟因为摊开的日记本而怀疑妈妈——陪我走过风风雨雨的最亲的人。

又是一个深夜，我依偎在妈妈的怀中。许久的犹豫之后，我终于鼓起勇气问道："妈妈。你为什么不看也不动我摊开的日记本呢？"妈妈一时没反应过来，愣了一会儿，说："我不看是因为我相信你。我不动不收拾是因为怕你误会。"妈妈如此信任我。我又陷入了自责之中，深深的内疚让我的心不断地抽搐：如果妈妈知道了真相，她会多么伤心失望啊！

"我相信你，妈妈。"

"我也绝对相信你。你不小了，会自持，我又何苦去挖出你心中那些怕我难过而深藏的过失呢？"

这一切，写在了纸上。也写入了我的心海深处，连同那两行深邃的诗句：

"我面对太阳而立，

是怕你看到我身后的阴影伤悲。"